漢字單語中心

필수 일본어 단어

이 영 조 편저

도서출판 사사연

책 머리에

이 책은 일본어를 처음으로 배우려는 초보자들을 위해 특별히 만든 특수단어집으로서, 여기에는 한자어(漢字語)로 된 기초단어 1,500단어와 이 단어와 연관된 숙어 6,000단어, 도합 7,500여개의 일상용어가 수록되어 있다.

일본어는 알다시피 명사(名詞)는 말할 것도 없고, 동사이건 형용사이건 거의 모두가 한자(漢字)로 이루어져 있으며, 게다가 그들 독특한 소위 아떼지(当て字)라는 것이 있어, 가뜩이나 한자를 잘 모르는 젊은이들로서는 대단히 까다로운 글이라고 할 수 있다.

다시 말해서 일본어 중에는 우리 나라에서 사용하고 있는 한자로 된 단어, 즉 「学教」「人間」「道徳」처럼 그 뜻이 똑같은 것도 많지만, 반면에 한자의 뜻과는 너무나 다른 <아떼지>가 적지 않은 실정이며, 이런 경향은 기초단어에도 그대로 적용되고 있는 것이다.

예컨대 「田舎」「腕前」「靴下」「丈夫」「平手」 같은 것이 모두 그런 단어인데, 「田舎」는 「시골」이라는 뜻이고, 「腕前」는 「솜씨」「靴下」는 「양말」「丈夫」는 「튼튼하다」「平手」는 「손바닥」이라는 뜻이다. 그야말로 한문을 아무리 풀어보았자 짐작조차 할 수 없는 단어들이다. 그런데 이런 단어들 중에 기초용어가 제법 많다는 점에 더한층 어려움이 있는 것이다.

따라서 이런 단어들을 모르고는 일본어를 제대로 이해할 길이란 없으며, 이런 단어는 교과서에도 잘 나오지 않기 때문에 아무리 배워도 소설 한 줄 읽지를 못하고, 편지 한 장 제대로 쓸 수 없는 저름발이 공부로 끝나고 말 염려가 있다.

이 책은 이렇듯 교과서에도 잘 나오지 않는(교과서에는 웬만큼 어려운 한자어는 ひらがな로 표기한다) 일상용어를 골라 한자의 뜻과는 다른 뜻을 지닌, 말하자면 우리의 상식으로는 도저히 이해하기 힘든 단어를 중심으로 엮은 특이한 스타일의 참고서로서, 여기에 수록된 1,500여개의 기초용어만 제대로 알고 있어도 여러분들의 일본어 실력은 그야말로 놀랄만큼 늘어나리라 확신한다.

이 책은 あいうえお순으로 수록했으며, 앞에서도 말했듯이 여느 보통의 교재로는 익히기 힘든 단어를 중심으로 합리적으로 엮었다는 점을 밝혀 둔다. 또한 한문의 뜻만으로는 짐작할 길이 없는 단어인데도 자주 사용되는, 즉 사용빈도가 높은 단어는 몇 번씩 거듭 수록하여 반복학습의 효과를 도모하였다.

이 단어집은 비단 초보자들만이 아닌, 어느 정도 일본어를 알고 있는 사람들도 반드시 알아두어야 할 단어를 엄선수록했으므로 누구에게나 필요한 보다 효과적이고 실용적인 교재라고 할 수 있을 것이다.

끝으로 요즘 공식적으로는 か행을 <카>로, た행을 <타>로, 그리고「東京(도오꾜오)」를「토오쿄오」로,「松本(마쓰모도)」를「마츠모토」로 표기하고 있으나, 초보자들에게 본고장의 발음을 그대로 알려주기 위해 종전처럼 <까> <다> <빠>로 표기했음을 덧붙여 둔다.「友達(도모다찌)」를 결코「토모타치」로 발음할 수는 없는 노릇이 아닌가?

어쨌거나 이 책이 독자 여러분들이 일본어실력을 연마하는데 일조(一助)가 될 수 있다면, 펴낸 사람으로서 그 이상 바랄 것이 없겠다.

1998년 8월
편저자

차 례

あ行

相 性 あい/아이 しょう/쇼오 (궁합이 맞음)	**合 図** あい/아이 ず/즈 (신호)
相席(あいせき・아이세끼) 합석 相嫁(あいよめ・아이요메) 동서 性根(しょうね・쇼오네) 심뽀 根性(こんじょう・곤죠오) 근성	合乗り(あいのり・아이노리) 합승 色合い(いろあい・이로아이) 색조 図面(ずめん・즈멩) 도면 地図(ちず・지즈) 지도
愛 想 あい/아이 そ/소 (애교, 붙임성)	**間 柄** あいだ/아이다 がら/가라 (사이)
愛国(あいこく・아이꼬꾸) 애국 愛人(あいじん・아이징) 애인 想像(そうぞう・소오조오) 상상 理想(りそう・리소오) 이상	間の子(あいのこ・아이노꼬) 혼혈아 間食(かんしょく・간쇼꾸) 간식 手柄(てがら・데가라) 공로 人柄(ひとがら・히도가라) 사람됨
相 槌 あい/아이 づち/즈찌 (맞장구)	**相 手** あい/아이 て/떼 (상대)
相子(あいこ・아이꼬) 무승부 相宿(あいやど・아이야도) 동숙 金槌(かなづち・가나즈찌) 쇠망치 木槌(きづち・기즈찌) 나무망치	相討ち(あいうち・아이우찌) 무승부 相変らず(あいかわらず・와이가와라즈) 여전히 手袋(てぶくろ・데부꾸로) 장갑 平手(ひらて・히라떼) 손바닥

8

あ行

合 憎 (하필이면) あい にく 아이 니꾸	**逢引き** (밀회, あい び き 랑데뷰) 아이 비 끼
合符(あいふ・아이후) 물표 合唱(がっしょう・갓쇼오) 합창 憎しみ(にくしみ・니꾸시미) 미움 憎悪(ぞうお・조오오) 증오	逢瀬(おうせ・오오세) 밀회 逢着(ほうちゃく・호오쨔꾸) 봉착 引換え(ひきかえ・히끼까에) 교환 手引き(てびき・데비끼) 사전. 인도
相 棒 (동료, 짝) あい ぼう 아이 보오	**合 間** (짬, 사이) あい ま 아이 마
相次ぎ(あいつぎ・아이쓰기) 연달아 相身互い(あいみたがい・아이미다 　　　　가이) 피차일반 棒引き(ぼうびき・보오비끼) 말소	合口(あいくち・아이구찌) 비수 合意(ごうい・고오이) 합의 間の子(あいのこ・아이노꼬) 혼혈아 谷間(たにま・다니마) 골짜기
青二才 (풋나기) あお に さい 아오 니 사이	**仰向き** (위를 향함) あお む き 아오 무 끼
青色(あおいろ・아오이로) 청색 青空(あおぞら・아오조라) 푸른하늘 二番(にばん・니방) 두번째 才能(さいのう・사이노오) 재능	仰ぐ(あおぐ・아오구) 우러러보다 仰望(ぎょうぼう・교오보오) 앙망 向う側(むこうがわ・무꼬오가와) 저쪽 前向き(まえむき・마에무끼) 전향

あ行

<ruby>足<rt>あ</rt></ruby><ruby>掻<rt>が</rt></ruby>き (발버둥) 아 가 끼	<ruby>赤<rt>あか</rt></ruby><ruby>子<rt>ご</rt></ruby> (아기) 아까 고
足跡(あしあと・아시아도) 발자취 足元(あしもと・아시모도) 발 밑 掻消し(かきけし・가끼께시) 말소 掻痒(そうよう・소오요오) 가려움	赤色(あかいろ・아까이로) 빨간색 赤字(あかじ・아까지) 적자 子牛(こうし・고우시) 송아지 子供(こども・고도모) 어린아이
<ruby>赤<rt>あか</rt></ruby><ruby>帽<rt>ぼう</rt></ruby> (역에서 일하는 아까 보오 짐꾼)	<ruby>垢<rt>あか</rt></ruby><ruby>抜<rt>ぬ</rt></ruby>け (세련됨) 아까 누 께
赤髪(あかがみ・아까가미)빨간머리 赤身(あかみ・아까미) 살코기 帽子(ぼうし・보오시) 모자 防寒帽(ぼうかんぼう・보오깐보오) 방한모	垢染み(あかじみ・아까지미) 찌듦 垢光り(あかびかり・아까비까리) 때 에 절어 빛남 抜け道(ぬけみち・누께미찌) 샛길 抜け目(ぬけめ・누께메) 빈 틈
<ruby>赤<rt>あか</rt></ruby><ruby>ん<rt></rt></ruby><ruby>坊<rt>ぼう</rt></ruby> (갓난아기) 아깐 보오	<ruby>空<rt>あ</rt></ruby>き<ruby>巣<rt>す</rt></ruby> (빈 둥지, 빈 집) 아 끼 스
赤信号(あかしんごう・아까싱고오) 적신호 赤裸(あかはだか・아까하다까) 알몸 坊主(ぼうず・보오즈) 승려 坊や(ぼうや・보오야) 아기	空巣狙い(あきすねらい・아끼스네 라이) 빈집털이 空缶(あきかん・아끼깡) 빈깡통 巣離れ(すばなれ・스바나레) 둥지 를 떠남

あ行

空_あき家_や (빈 집) 아 끼 야	悪_{あく} 態_{たい} (욕지거리) 아꾸 따이
空部屋(あきべや・아끼베야) 빈 방 空間(あきま・아끼마) 틈 家賃(やちん・야찡) 집세 家族(かぞく・가조꾸) 가족	悪人(あくにん・아꾸닝) 악인 悪魔(あくま・아꾸마) 악마 態勢(たいせい・다이세이) 태세 態度(たいど・다이도) 태도
欠_{あく} 伸_び (하품) 아꾸 비	胡_あ 座_{ぐら} (책상다리) 아 구라
欠席(けっせき・겟세끼) 결석 欠点(けってん・겟뗑) 결점 伸び縮み(のびちぢみ・노비지지미) 신축 伸長(しんちょう・신쬬오) 늘어남	胡弓(こきゅう・고뀨우) 호궁 胡麻(ごま・고마) 참깨 座敷(ざしき・자시끼) 방. 객실 座席(ざせき・자세끼) 좌석
明_あけ方_{がた} (새벽녘) 아 께 가따	挙_あげ句_く (나머지) 아 게 꾸
明け放つ(あけはなつ・아께하나쓰) 열어젖히다 明暗(めいあん・메이항) 명암 母方(ははがた・하하가다) 외가쪽 方便(ほうべん・호오벵) 방편	挙動(きょどう・교도오) 거동 選挙(せんきょ・셍꾜) 선거 句節(くせつ・구세쓰) 구절 文句(もんく・몽꾸) 문구, 불만

あ行

朝 顔 (나팔꽃) あさ がお 아사 가오	朝 寝 (늦잠) あさ ね 아사 네
朝飯(あさめし・아사메시) 아침밥 朝夕(あさゆう・아사유우) 아침저녁 顔付き(かおつき・가오쓰끼) 얼굴 생김 横顔(よこがお・요꼬가오) 옆얼굴	朝風(あさかぜ・아사가제) 아침바람 朝日(あさひ・아사히) 아침해 寝癖(ねぐせ・네구세) 잠버릇 寝台(しんだい・신다이) 침대
足 場 (발판) あし ば 아시 바	明 日 (내일) あ す 아 스
足裏(あしうら・아시우라) 발바닥 足音(あしおと・아시오도) 발소리 場合(ばあい・바아이) 경우 工場(こうじょう・고오죠오) 공장	明月(めいげつ・메이게쓰) 명월 明朗(めいろう・메이로오) 명랑 日出(ひので・히노데) 일출 日光(にっこう・닛꼬오) 일광
汗 疹 (땀띠) あせ も 아세 모	当 り 前 (당연) あた り まえ 아따 리 마에
汗ばむ(あせばむ・아세바무) 땀이 배다 冷汗(ひやあせ・히야아세) 식은땀 麻疹(はしか・하시까) 홍역 発疹(はっしん・핫싱) 발진	当然(とうぜん・도오젱) 당연 当人(とうにん・도오닝) 본인 前金(まえきん・마에낑) 선금 前触れ(まえぶれ・마에부레) 예고

12

あ行

呆　気 （멍청해짐） あっ　け 앗　께	**天 晴 れ** （가상함, あっ ば れ　훌륭함） 앗 빠 레
呆然(ぼうぜん・보오젱) 망연자실 痴呆(ちほう・치호오) 치매 気色(きしょく・기쇼꾸) 기색 気晴らし(きばらし・기바라시) 기분 　　풀이	天下(てんか・뎅까) 천하 天地(てんち・덴찌) 천지 晴れる(はれる・하레루) 날씨가 개 　이다 晴天(せいてん・세이뗑) 맑은 하늘
誂 向 き （안성미춤） あつらえ む き 아쓰라에 무 끼	**宛　名** （수신인명） あて　な 아떼　나
誂物(あつらえもの・아쓰라에모노) 　　주문품 後向き(うしろむき・우시로무끼) 　　뒤를 향함 転向(てんこう・뎅꼬오) 전향	宛行(あてがい・아떼가이) 할당 宛先(あてさき・아떼사끼) 수신인 　의 주소 名前(なまえ・나마에) 이름 名声(めいせい・메이세이) 명성
当 外 れ （기대에 あて はず れ　어긋남） 아떼 하즈 레	**跡 形** （흔적, あと かた　자취） 아도 가다
当て所(あてど・아떼도) 목적지 当落(とうらく・도오라꾸) 당락 町外れ(まちはずれ・마찌하즈레)변두리 的外れ(まとはずれ・마도하즈레) 　어긋남	跡継ぎ(あとつぎ・아도쓰기) 상속자 痕跡(こんせき・곤세끼) 흔적 形無し(かたなし・가다나시) 잡침 形成(けいせい・게이세이) 형성

あ行

<ruby>後<rt>あと</rt></ruby> <ruby>釜<rt>がま</rt></ruby> (후임자, 후처) 아도　가마	<ruby>後<rt>あと</rt></ruby> <ruby>腐<rt>くさ</rt></ruby>れ (뒤탈) 아도　구사　레
後先(あとさき・아도사끼) 앞뒤 後払い(あとばらい・아도바라이) 후불 釜飯(かまめし・가마메시) 솥밥 土釜(どがま・도가마) 질그릇밥솥	後書(あとがき・아도가끼) 후기 後退り(あとじさり・아도지사리) 뒷걸음 腐れ縁(くされえん・구사레렝) 악연 不貞腐れ(ふてくされ・후데구사레) 　　토라지다
<ruby>後<rt>あと</rt></ruby> <ruby>始<rt>し</rt></ruby> <ruby>末<rt>まつ</rt></ruby> (뒷처리, 아도　시　마쓰　　마무리)	<ruby>後<rt>あと</rt></ruby> <ruby>祭<rt>まつり</rt></ruby> (때를 놓침) 아도　　　마쓰리
後足(あとあし・아도아시) 뒷발 午後(ごご・고고) 오후 始発(しはつ・시하쓰) 시발 開始(かいし・가이시) 개시	後味(あとあじ・아도아지) 뒷맛 後金(あときん・아도낑) 잔금 祭日(さいじつ・사이지쓰) 축제일 祝祭(しゅくさい・슈꾸사이) 축제
<ruby>後<rt>あと</rt></ruby> <ruby>回<rt>まわ</rt></ruby>し (뒤로 돌림) 아도　마와　시	<ruby>跡<rt>あと</rt></ruby> <ruby>目<rt>め</rt></ruby> (상속자) 아도　메
後押し(あとおし・아도오시) 뒤에서 밂 前後(ぜんご・젱고) 전후 回り道(まわりみち・마와리미찌) 　　돌아가는 길 回転(かいてん・가이뗑) 회전	跡取り(あととり・아도도리) 상속자 遺跡(ゆいせき・유이세끼) 유적 目玉(めだま・메다마) 눈알 目付(めつき・메쓰끼) 눈매

あ行

貴方 (당신, 귀하) あ なた 아 나따	**穴埋め** (메꾸어 넣음) あな う め 아나 우 메
貴様(きさま・기사마) 네놈 貴族(きぞく・기소꾸) 귀족 方位(ほうい・호오이) 방위 方式(ほうしき・호오시끼) 방식	穴熊(あなぐま・아나구마) 오소리 穴蔵(あなぐら・아나구라) 움막 埋め合せ(うめあわせ・우메아와세) 　보충 埋没(まいぼつ・마이보쓰) 매몰
兄嫁 (형수) あに よめ 아니 요메	**彼の世** (저승, 저세상) あ の よ 아 노 요
兄貴(あにき・아니끼) 형 兄弟子(あにでし・아니데시) 동문 　의 선배 嫁入り(よめいり・요메이리) 출가 花嫁(はなよめ・하나요메) 신부	彼方(かなた・가나따) 저쪽 彼女(かのじょ・가노죠) 그녀 世の中(よのなか・요노나까) 세상 浮世(うきよ・우끼요) 뜬세상
痘痕 (곰보) あ ばた 아 바따	**油揚** (유부) あぶら あげ 아부라 아게
痘瘡(とうそう・도오소오) 두창 種痘(しゅとう・슈또오) 종두 傷痕(きずあと・가즈아도) 상처자국 痕跡(こんせき・곤세끼) 흔적	油絵(あぶらえ・아부라에) 유화 油紙(あぶらがみ・아부라가미) 　기름종이 揚物(あげもの・아게모노) 기름에 　튀긴 식품

あ行

阿呆 (바보, 천치) あ ほう 아 호오	**雨垂れ** (낙숫물) あま だ 아마 다 레
阿呆鳥(あほうどり・아호오도리) 바다새의 일종 阿呆らしい(あほうらしい・아호오라 시이) 바보스럽다 呆気(あっけ・앗께) 멍청해짐	雨脚(あまあし・아마아시) 빗발 雨合羽(あまがっぱ・아메갓빠) 비옷 垂氷(たるひ・다루히) 고드름 垂水(たるみ・다루미) 폭포
尼っ子 (계집년) あま こ 아맛 꼬	**雨戸** (빈지문) あま ど 아마 도
尼っちょ(あまっちょ・아맛쬬) 계집년 尼寺(あまでら・아마데라) 여승방 子役(こやく・고야꾸) 어린이역 孝子(こうし・고오시) 효자	雨跡(あまあと・아마아또) 빗자국 雨傘(あまがさ・아마가사) 우산 戸棚(とだな・도다나) 찬장 戸口(ここう・고꼬오) 호구
天の邪鬼 (심술꾸러기) あま じゃく 아마 노 쟈 꾸	**雨模様** (비가 올 듯한 날씨) あま も よう 아마 모 요오
天の原(あまのはら・아마노하라) 하늘 天気(てんき・뎅끼) 날씨 邪魔(じゃま・쟈마) 방해 妖鬼(ようき・요오끼) 요귀	雨蛙(あまがえる・아마가에루) 청 개구리 雨雲(あまぐも・아마구모) 비구름 模様(もよう・모요오) 무늬 規模(きぼ・기보) 규모

あ行

飴 玉 (눈깔사탕) あめ だま 아메 다마	**操 人 形** (꼭두각시) あやつり にん ぎょう 아야쓰리 닝 교오
飴色(あめいろ・아메이로) 조청빛 飴ん棒(あめんぼう・아멘보오) 엿 가래 玉子(たまご・다마고) 계란 玉座(ぎょくざ・교꾸자) 옥좌	操り(あやつり・아야쓰리) 조종 体操(たいそう・다이소오) 체조 人間(にんげん・닌겡) 인간 形態(けいたい・게이따이) 형태
荒 稼 ぎ (막벌이) あら かせ ぎ 아라 가세 기	**粗 方** (대충, あら かた 대략) 아라 가따
荒くれ(あらくれ・아라꾸레) 난폭함 荒野(あれの・아레노) 광야 共稼ぎ(ともかせぎ・도모가세기) 맞벌이	粗皮(あらかわ・아라가와) 겉껍질 粗相(そそう・소소오) 실수 方方(かたがた・가따가따) 여러분 方便(ほうべん・호오벵) 방편
粗 筋 (줄거리, あら すじ 개요) 아라 스지	**有 難 い** (고맙다, あり がた い 고마운) 아리 가따 이
粗削り(あらけずり・아라게즈리) 거칠게 깎음 粗布(あらぬの・아라누노) 거친 천 筋書(すじがき・스지가끼) 줄거리 筋違い(すじちがい・스지찌가이) 어긋남	有り金(ありがね・아리가네) 가진 돈 有名(ゆうめい・유우메이) 유명 難局(なんきょく・낭꾜꾸) 난국 困難(こんなん・곤낭) 곤란

あ行

有様 (ありさま・아리사마) (모양, 상태)	**慌て者** (あわてもの・아와떼모노) (덜렁이)
有難涙(ありがたなみだ・아리가따나미다) 감사의 눈물 有力(ゆうりょく・유우료꾸) 유력 様式(ようしき・요오시끼) 양식 様子(ようす・요오스) 모양	慌てる(あわてる・아와데루) 허둥대다 恐慌(きょうこう・교오꼬오) 공황 達者(たっしゃ・닷샤) 뛰어남 敗者(はいしゃ・하이샤) 패자
案外 (あんがい・앙가이) (뜻밖에, 의외로)	**案の定** (あんのじょう・안노죠오) (과연, 짐작대로)
案件(あんけん・앙껭) 안건 案内(あんない・안나이) 안내 外国(がいこく・가이꼬꾸) 외국 外出(がいしゅつ・가이슈쓰) 외출	案出(あんしゅつ・안슈쓰) 안출 立案(りつあん・리쓰앙) 입안 定時(ていじ・데이지) 정시 定着(ていちゃく・데이쨔꾸) 정착
塩梅 (あんばい・안바이) (형편, 상태)	**許嫁** (いいなずけ・이이나즈께) (약혼녀)
塩田(えんでん・엔뎅) 염전 塩分(えんぶん・엔붕) 염분 梅雨(ばいう・바이우) 장마 梅花(ばいか・바이까) 매화	許可(きょか・교까) 허가 特許(とっきょ・돗꾜) 특허 嫁入り(よめいり・요메이리) 출가 兄嫁(あによめ・아니요메) 형수

あ行

言い訳 (변명, 핑계) 이 이 와께	如何 (어떻게, 여하) 이까 가
言い方(いいかた・이이까다) 말투 言い付け(いいつけ・이이쓰께) 명령 訳無い(わけない・와께나이) 문제 없다 訳者(やくしゃ・야꾸샤) 역자	如才(じょさい・죠사이) 빈틈 欠如(けつじょ・게쓰죠) 결여 何故(なぜ・나제) 어째서 何時(なんじ・난지) 몇 시
経緯 (경위, 경과) 이끼 사쓰	意気地 (고집, 오기) 이 꾸 지
経済(けいざい・게이자이) 경제 経理(けいり・게이리) 경리 緯度(いど・이도) 위도 北緯(ほくい・호꾸이) 북위	意外(いがい・이가이) 의외 意味(いみ・이미) 의미 地味(じみ・지미) 검소함 地面(じめん・지멩) 땅바닥
幾度 (몇 번) 이꾸 도	幾等 (얼마, 어느 정도) 이꾸 라
幾日(いくにち・이꾸니찌) 며칠 幾分(いくぶん・이꾸붕) 얼마쯤 度数(どすう・도스우) 도수 支度(したく・시다꾸) 준비	幾人(いくにん・이꾸닝) 몇 명 幾年(いくねん・이꾸넹) 몇 년 等身(とうしん・도오싱) 등신 我等(われら・와레라) 우리들

あ行

生け花 (꽃꽂이) い け ばな 이 께 바나	医者 (의사) い しゃ 이 샤
生け捕り(いけどり·이께도리) 생포 生けにえ(いけにえ·이께니에) 희생물 花園(はなぞの·하나조노) 화원 草花(くさばな·구사바나) 화초	医学(いがく·이가꾸) 의학 医術(いじゅつ·이쥬쓰) 의술 作者(さくしゃ·사꾸샤) 작자 若者(わかもの·와까모노) 젊은이
意地悪 (심술사 い じ わる 납다) 이 지 와루	何処 (어디, いず こ 어드메) 이즈 꼬
意見(いけん·이껭) 의견 意志(いし·이시) 의지 地下(ちか·지까) 지하 悪口(わるぐち·와루구찌) 욕	何一つ(なにひとつ·나니히또쓰) 무엇 하나 何分(なにぶん·나니붕) 다소간 処決(しょけつ·쇼께쓰) 처결 処理(しょり·쇼리) 처리
異存 (반대, い ぞん 불만) 이 종	悪戯 (장난) いた ずら 이다 즈라
異国(いこく·이꼬꾸) 이국 異変(いへん·이헹) 이변 存在(そんざい·손자이) 존재 存立(そんりつ·손리쓰) 존립	悪習(あくしゅう·아꾸슈우) 악습 悪夢(あくむ·아꾸무) 악몽 戯曲(ぎきょく·기교꾸) 희곡 遊戯(ゆうぎ·유우기) 유희

あ行

いた ば **板 場** (요리사) 이따 바	いち おう **一 応** (일단) 이찌 오오
戸板(といた·도이따) 문짝 甲板(かんぱん·간빵) 갑판 場所(ばしょ·바쇼) 장소 場末(ばすえ·바스에) 변두리	一軒(いっけん·잇껭) 한 집 一年(いちねん·이찌넹) 1년 応援(おうえん·오오엥) 응원 応答(おうとう·오오또오) 응답
いち ず **一 途** (외곬수, 이찌 즈 일편단심)	いち だい じ **一 大 事** (큰 일) 이찌 다이 지
一部(いちぶ·이찌부) 일부 一夜(いちや·이찌야) 하룻밤 途上(とじょう·도죠오) 도상 中途(ちゅうと·쥬우또) 중도	一同(いちどう·이찌도오) 일동 一念(いちねん·이찌넹) 일념 大会(たいかい·다이까이) 대회 大変(たいへん·다이헹) 큰 일
いち ばん **一 番** (첫째, 이찌 방 가장)	いち み **一 味** (일당, 이찌 미 한 패)
一次(いちじ·이찌지) 일차 一緒(いっしょ·잇쇼) 함께 番地(ばんち·반찌) 번지 門番(もんばん·몬방) 문지기	一語(いちご·이찌고) 한 마디 一理(いちり·이찌리) 일리 味方(みかた·미까다) 자기편 味付け(あじつけ·아지쓰께) 맛을 냄

あ行

一目散（いちもくさん） 이찌 모꾸 상 （쏜살같이, 중행랑）	**何時**（いつ） 이 쓰 （언제, 몇 시）
一般（いっぱん・잇빵) 일반 一文（いちもん・이찌몽) 한 푼 目前（もくぜん・모꾸젱) 눈 앞 散会（さんかい・상까이) 산회	何度（なんど・난도) 몇 번 何等（なんら・난라) 하등 時期（じき・지끼) 시기 時日（じじつ・지지쓰) 시일
一気に（いっきに） 잇 끼 니 （단숨에）	**一緒**（いっしょ） 잇 쇼 （함께, 더불어）
一人（ひとり・히도리) 한 사람 一枚（いちまい・이찌마이) 한 장 一回（いっかい・잇까이) 한 번 気分（きぶん・기붕) 기분	一時（いちじ・이찌지) 한 시, 한 때 一段（いちだん・이찌당) 더한층 内緒（ないしょ・나이쇼) 몰래. 비밀
井戸（いど） 이 도 （우물）	**糸口**（いとぐち） 이도 구찌 （실마리, 단서）
井然（せいぜん・세이젱) 정연 天井（てんじょう・덴죠오) 천정 戸締り（とじまり・도지마리) 문단속 戸別（こべつ・고베쓰) 호별	糸切り歯（いときりば・이도끼리바） 송곳니 糸目（いとめ・이또메) 가는 실 口笛（くちぶえ・구찌부에) 휘파람 口紅（くちべに・구찌베니) 입술연지

あ行

い　なか **田　舎**　（시골） 이　　나까	**いな　ずま** **稲　妻**　（번개） 이나　　즈마
田植え(たうえ・다우에) 모심기 田園(でんえん・뎅엥) 전원 校舎(こうしゃ・고오샤) 교사 豚舎(とんしゃ・돈샤) 돈사	稲作(いなさく・이나사꾸) 벼농사 稲穂(いなほ・이나호) 벼이삭 新妻(にいづま・니이즈마) 새색시 妻子(さいし・사이시) 처자
い　ねむ **居 眠 り**　（앉아서 이　네무　　리　　즐다）	**いのち　が** **命 懸 け**　（결사적） 이노찌　가　께
居所(いどころ・이도꼬로) 거처 居残り(いのこり・이노꼬리) 혼자 　　　　　　　　　　　　남음 眠気(ねむけ・네무께) 졸음 睡眠(すいみん・스이밍) 수면	命拾い(いのちびろい・이노찌비로 　　　　　　　이) 목숨을 건짐 命令(めいれい・메이레이) 명령 懸垂(けんすい・겐스이) 턱걸이 懸命(けんめい・겐메이) 열심
い　　ま **居　間**　（거실） 이　　　마	**いま　さら** **今　更**　（새삼스 이마　　사라　럽게）
居直り(いなおり・이나오리)　바로 　　　　　　　　　　　앉음 居住(きょじゅう・교쥬우) 거주 間借り(まがり・마가리) 셋방살이 間違い(まちがい・마찌가이) 잘못	今頃(いまごろ・이마고로) 지금쯤 今時(いまどき・이마도끼) 요즈음 更更(さらさら・사라사라) 결코 更生(こうせい・고오세이) 갱생

あ行

<ruby>嫌<rt>いや</rt></ruby> <ruby>気<rt>き</rt></ruby> （싫증, 염증） 이야 끼	<ruby>所<rt>いわ</rt></ruby> <ruby>謂<rt>ゆる</rt></ruby> （소위, 이른바） 이와 유루
嫌味(いやみ・이야미) 불쾌한 말 　　이나 태도 嫌悪(けんお・겡오) 혐오 気分(きぶん・기붕) 기분 気質(かたぎ・가따기) 기질	所以(ゆえん・유엥) 까닭 近所(きんじょ・긴죠) 근처 謂れ(いわれ・이와레) 연유
<ruby>植<rt>うえ</rt></ruby> <ruby>木<rt>き</rt></ruby> <ruby>鉢<rt>ばち</rt></ruby> （화분） 우에 끼 바찌	<ruby>迂<rt>う</rt></ruby> <ruby>闊<rt>かつ</rt></ruby> （경솔, 어 우 까쓰 리석음）
植木(うえき・우에끼) 식목 植樹(しょくじゅ・쇼꾸쥬) 식수 火鉢(ひばち・히바찌) 화로 托鉢(たくはつ・다꾸하쓰) 탁발	迂遠(うえん・우엥) 우원 迂回(うかい・우까이) 우회 闊葉(かつよう・가쓰요오) 활엽
<ruby>浮<rt>うき</rt></ruby> <ruby>世<rt>よ</rt></ruby> （뜬세상） 우끼 요	<ruby>請<rt>うけ</rt></ruby> <ruby>合<rt>あ</rt></ruby> い （보증） 우께 아 이
浮雲(うきぐも・우끼구모) 뜬구름 浮上(ふじょう・후죠오) 부상 世過ぎ(よすぎ・요스기) 세상살이 世間(せけん・세껭) 세상	請負(うけおい・우께오이) 청부 請願(せいがん・세이강) 청원 合鍵(あいかぎ・아이가기) 여벌열쇠 合成(ごうせい・고오세이) 합성

あ行

<ruby>受<rt>うけ</rt></ruby> <ruby>付<rt>つけ</rt></ruby> (접수) 우께　쓰께	<ruby>胡<rt>う</rt></ruby> <ruby>散<rt>さん</rt></ruby> (수상함) 우　　　상
受取り(うけとり・우께도리) 수취 受持ち(うけもち・우께모찌) 담당 付添い(つきそい・쓰끼소이) 곁에서 　　　　따름 寄付(きふ・기후) 기부	胡乱(うろん・우롱) 수상쩍음 散発(さんばつ・산빠쓰) 이발 散歩(さんぽ・산뽀) 산책
<ruby>渦<rt>うず</rt></ruby> <ruby>巻<rt>まき</rt></ruby> (소용돌이) 우즈　마끼	<ruby>薄<rt>うす</rt></ruby> <ruby>目<rt>め</rt></ruby> (실눈) 우스　메
渦輪(うずわ・우즈와) 소용돌이 모 　　　양의 원형 巻き尺(まきじゃく・마끼쟈꾸) 줄자 巻添え(まきぞえ・마끼조에) 말려듦	薄着(うすぎ・우스기) 얇은 옷 薄化粧(うすげしょう・우스게쇼오) 　　　엷은 화장 目分量(めぶんりょう・메분료오) 눈대중 目星(めぼし・메보시) 목표. 짐작
<ruby>嘘<rt>うそ</rt></ruby><ruby>吐<rt>つ</rt></ruby>き (거짓말 우소　쓰　끼 쟁이)	<ruby>打<rt>うち</rt></ruby><ruby>切<rt>き</rt></ruby>り (중지, 우찌　끼　리 중단)
嘘の皮(うそのかわ・우소노가와) 새 　　　빨간 거짓말 嘘八白(うそはっぴゃく・우소핫빠꾸) 　　　거짓말 투성이 吐気(はきけ・하끼께) 느글거림	打合せ(うちあわせ・우찌아와세) 　　　협의 打消し(うちけし・우찌께시) 취소 切口(きりくち・기리구찌) 단면 切実(せつじつ・세쓰지쓰) 절실

あ行

有 頂 天 (매우·기뻐함) う ちょう てん 우 쬬오 뗑	**内 輪** (가정내, 집안) うち わ 우찌 와
未曾有(みぞう·미조우) 미증유 頂上(ちょうじょう·쬬오쬬오) 정상 天国(てんごく·뎅고꾸) 천국 天幕(てんまく·뎀마꾸) 천막	内庭(うちにわ·우찌니와) 안뜰 内股(うちまた·우찌마따) 허벅지 輪形(わなり·와나리) 고리모양 輪禍(りんか·링까) 윤화
腕 前 (솜씨) うで まえ 우데 마에	**自 惚 れ** (자만심) うぬ ぼ れ 우누 보 레
腕下(うでした·우데시따) 팔 밑 腕力(わんりょく·완료꾸) 완력 前足(まえあし·마에아시) 앞발 前略(ぜんりゃく·젠랴꾸) 전략	自信(じしん·지싱) 자신 自動(じどう·지도오) 자동 惚れ込み(ほれこみ·호레꼬미) 홀딱 반함
美 味 い (맛있다) う ま い 우 마 이	**裏 切 り** (배반,배신) うら ぎ り 우라 기 리
美人(びじん·비징) 미인 美容(びよう·비요오) 미용 味覚(みかく·미까꾸) 미각 味方(みかた·미까따) 우리편	裏口(うらぐち·우라구찌) 뒤쪽 裏庭(うらにわ·우라니와) 뒷뜰 切断(せつだん·세쓰당) 절단 大切(たいせつ·다이세쓰) 중요

あ行

うら っ け 裏 付 け　　(보증) 우라　쓰　께	うり こ 売 子　　(판매원) 우리　　꼬
裏側(うらがわ・우라가와) 뒤쪽 裏山(うらやま・우라야마) 뒷산 受付(うけつけ・우께쓰께) 접수처 割付(わりつけ・와리쓰께) 편집	売場(うりば・우리바) 매장 売買(ばいばい・바이바이) 매매 子鹿(こじか・고지까) 새끼사슴 迷子(まいご・마이고) 미아
うわ き 浮 気　　(바람기, 우와　끼　　　외도)	うわ そら 上 の 空　　(건성) 우와　노　소라
浮名(うきな・우끼나) 염문 浮橋(うきばし・우끼바시) 부교 気立て(きだて・기다떼) 마음씨 気風(きふう・기후우) 기풍	上手(うわて・우와떼) 위쪽 上回り(うわまわり・우와마와리) 상회 空言(そらごと・소라고또) 헛소리 時空(じくう・지꾸우) 시공
うわ べ 上 辺　　(겉,표면) 우와　베	うわ やく 上 役　　(상관,상사) 우와　야꾸
上着(うわぎ・우와기) 웃도리, 겉옷 上値(うわね・우와네) 비싼 값 海辺(うみべ・우미베) 바닷가 辺境(へんきょう・헹꾜오) 변방	上靴(うわぐつ・우와구쓰) 실내화 上告(じょうこく・죠오꼬꾸) 상고 役所(やくしょ・야꾸쇼) 관공서 役人(やくにん・야꾸닝) 관리

あ行

雲 泥 (구름과 진흙 심한 차이) 운 데이	笑 顔 (웃는얼굴) 에 가오
雲集(うんしゅう・운슈우) 운집 雲母(うんも・운모) 운모 泥酔(でいすい・데이스이) 곤드레 泥道(どろみち・도로미찌) 수렁길	微笑み(ほほえみ・호호에미) 미소 笑い草(わらいぐさ・와라이구사) 웃음거리 顔色(かおいろ・가오이로) 안색 顔付き(かおつき・가오쓰끼) 얼굴생김
画 描 き (화가) 에 가 끼	易 者 (점장이) 에끼 샤
画架(がか・가까) 화가・이젤 画面(がめん・가멩) 화면 描写(びょうしゃ・뵤오샤) 묘사 素描(そびょう・소뵤오) 소묘・데생	易学(えきがく・에끼가꾸) 역학 易経(えききょう・에끼꾜오) 역경 芸者(げいしゃ・게이샤) 기생 病者(びょうしゃ・뵤오샤) 환자
駅 弁 (열차에서 파는 도시락) 에끼 벵	依 怙 地 (옹고집) 에 꼬 지
駅員(えきいん・에끼잉) 역무원 駅舎(えきしゃ・에끼샤) 역사 弁当(べんとう・벤또오) 도시락 雄弁(ゆうべん・유우벵) 웅변	依託(いたく・이따꾸) 의탁 依頼(いらい・이라이) 의뢰 地震(じしん・지싱) 지진 地図(ちず・지즈) 지도

あ行

餌食（え・じき）（먹이, 희생물） 에・지끼	会釈（え・しゃく）（인사, 절） 에・샤꾸
食餌(しょくじ・쇼꾸지) 식이 乞食(こじき・고지끼) 거지 食堂(しょくどう・쇼꾸도오) 식당	会式(えしき・에시끼) 회의. 의식 会合(かいごう・가이고오) 회합 釈放(しゃくほう・샤꾸호오) 석방 解釈(かいしゃく・가이샤꾸) 해석
得体（え・たい）（정체） 에・따이	枝道（えだ・みち）（샛길） 에다・미찌
得難い(えがたい・에가따이) 구하 　　　기 힘듦 得意(とくい・도꾸이) 자랑. 단골 体育(たいいく・다이이꾸) 체육 体力(たいりょく・다이료꾸) 체력	枝打ち(えだうち・에다우찌) 가지치기 枝振り(えだぶり・에다부리) 가지모양 道案内(みちあんない・미찌안나이) 　　　길잡이 近道(ちかみち・지까미찌) 가까운 길
得手（え・て）（특기） 에・떼	会得（え・とく）（터득） 에・도꾸
得物(えもの・에모노) 무기 得道(とくどう・도꾸도오) 득도 手拭い(てぬぐい・데누구이) 수건 手法(しゅほう・슈호오) 수법	会社(かいしゃ・가이샤) 회사 会員(かいいん・가이잉) 회원 得心(とくしん・도꾸싱) 납득 損得(そんとく・손또꾸) 득실

あ行

<ruby>絵<rt>えの</rt></ruby> <ruby>具<rt>ぐ</rt></ruby> (그림물감) 에노　구	<ruby>絵<rt>え</rt></ruby> <ruby>本<rt>ほん</rt></ruby> (그림책) 에　홍
絵捜し(えさがし・에사가시) 그림찾기 絵巻(えまき・에마끼) 그림두루마리 具象(ぐしょう・구쇼오) 구상 道具(どうぐ・도오구) 도구	絵葉書(えはがき・에하가끼) 그림 엽서 絵画(かいが・가이가) 회화 本能(ほんのう・혼노오) 본능 根本(こんぽん・곤뽕) 근본
<ruby>襟<rt>えり</rt></ruby> <ruby>足<rt>あし</rt></ruby> (목덜미의 솜 털이 난 곳) 에리　아시	<ruby>縁<rt>えん</rt></ruby> <ruby>側<rt>がわ</rt></ruby> (마루) 엥　가와
襟首(えりくび・에리구비) 목덜미 襟巻き(えりまき・에리마끼) 목도리 足裏(あしうら・아시우라) 발바닥 足付き(あしつき・아시쓰끼) 걸음 걸이	縁組(えんぐみ・엥구미) 혼인 縁談(えんだん・엔당) 혼담 内側(うちがわ・우찌가와) 안쪽 側面(そくめん・소꾸멩) 측면
<ruby>縁<rt>えん</rt></ruby> <ruby>起<rt>ぎ</rt></ruby> (길흉의 전조) 엥　기	<ruby>縁<rt>えん</rt></ruby> <ruby>者<rt>じゃ</rt></ruby> (친척, 일가) 엔　쟈
縁切り(えんきり・엥끼리) 절연 縁先(えんさき・엔사끼) 마루끝 起床(きしょう・기쇼오) 기상 起立(きりつ・기리쓰) 기립	縁結び(えんむすび・엔무스비) 결연 因縁(いんねん・인넹) 인연 間者(かんじゃ・간쟈) 첩자 敗者(はいしゃ・하이샤) 패자

あ行

遠 足 (소풍) えん そく 엔 소꾸	**縁 談** (혼담) えん だん 엔 당
遠国(えんごく・엥고꾸) 먼 나라 遠視(えんし・엔시) 원시 足跡(そくせき・소꾸세끼) 발자취 満足(まんぞく・만조꾸) 만족	縁故(えんこ・엥꼬) 연고 縁続き(えんつづき・엔쓰즈끼) 친척 談合(だんごう・당고오) 담합 相談(そうだん・소오당) 상담
園 丁 (정원사) えん てい 엔 떼이	**煙 突** (굴뚝) えん とつ 엔 또쓰
園児(えんじ・엔지) 원아 公園(こうえん・고오엥) 공원 丁寧(ていねい・데이네이) 공손함 丁稚(でっち・뎃찌) 견습점원	煙幕(えんまく・엔마꾸) 연막 禁煙(きんえん・깅엥) 금연 突撃(とつげき・도쓰게끼) 돌격 突破(とっぱ・돗빠) 돌파
遠 慮 (사양, えん りょ 겸손) 엔 료	**追 追** (차차, おい おい 차츰) 오이 오이
遠心(えんしん・엔싱) 원심 遠征(えんせい・엔세이) 원정 慮外(りょがい・료가이) 의외 思慮(しりょ・시료) 사려	追返し(おいかえし・오이까에시) 물리침 追越し(おいこし・오이꼬시) 추월 追放(ついほう・쓰이호오) 추방

あ行

追越し　おいこ （앞지름, 추월） 오이 꼬 시	美味しい　おい （맛있다） 오 이 시 이
追掛(おいかけ・오이까께) 쫓아감 追付き(おいつき・오이쓰끼) 따라잡음 山越え(やまごえ・야마고에) 산을 넘음 超越(ちょうえつ・쵸오에쓰) 초월	美味い(うまい・우마이) 맛있다 美談(びだん・비당) 미담 味わい(あじわい・아지와이) 맛 興味(きょうみ・교오미) 흥미
追出し　おいだ （추방, 오이 다 시 내쫓음）	追抜き　おいぬ （추월, 따 오이 누 끼 라잡음）
追払う(おいはらう・오이하라우) 쫓 아냄 追手(おって・옷떼) 추격자 出入れ(だいいれ・다시이레) 출납 出し抜く(だしぬく・다시누꾸) 앞지름	追い銭(おいせん・오이셍) 추가금 追立て(おいたて・오이다데) 몰아댐 抜出し(ぬけだし・누께다시) 빠져 나감 抜取り(ぬきとり・누끼도리) 빼냄
追剝　おい はぎ （노상강도） 오이 하기	老耄　おい ぼれ （늙은이, 오이 보레 늙어빠짐）
追討ち(おいうち・오이우찌) 추격 追風(おいかぜ・오이가제) 순풍 剝奪(はくだつ・하꾸다쓰) 박탈 剝離(はくり・하꾸리) 박리	老い木(おいき・오이끼) 고목 老い先(おいさき・오이사끼) 남은 여생 耄碌(もうろく・모오로꾸) 망녕부림

あ行

<ruby>王<rt>おう</rt></ruby> <ruby>様<rt>さま</rt></ruby> (왕, 임금님) 오오 사마	<ruby>往<rt>おう</rt></ruby> <ruby>時<rt>じ</rt></ruby> (옛날) 오오 지
王者(おうしゃ・오오샤) 왕자 王立(おうりつ・오오리쓰) 왕립 様様(さまざま・사마자마) 가지각색 奥様(おくさま・오꾸사마) 마님	往日(おうじつ・오오지쓰) 지난 날 来往(らいおう・라이오오) 내왕 時効(じこう・지꼬오) 시효 時日(じじつ・지지쓰) 시일
<ruby>往<rt>おう</rt></ruby> <ruby>生<rt>じょう</rt></ruby> (죽음, 극 오오 죠오 락왕생)	<ruby>横<rt>おう</rt></ruby> <ruby>着<rt>ちゃく</rt></ruby> (뻔뻔함) 오오 쨔꾸
往往(おうおう・오오오오) 때때로 往診(おうしん・오오싱) 왕진 生涯(しょうがい・쇼오가이) 생애 誕生(たんじょう・단죠오) 탄생	横暴(おうぼう・오오보오) 횡포 横書(よこがき・요꼬가끼) 횡서 着手(ちゃくしゅ・쨔꾸슈) 착수 到着(とうちゃく・도오쨔꾸) 도착
<ruby>横<rt>おう</rt></ruby> <ruby>柄<rt>へい</rt></ruby> (거만함, 오오 헤이 건방짐)	<ruby>往<rt>おう</rt></ruby> <ruby>来<rt>らい</rt></ruby> (왕래, 오오 라이 행길)
横断(おうだん・오오당) 횡단 横領(おうりょう・오오료오) 횡령 身柄(みがら・미가라) 신병 取り柄(とりえ・도리에) 장점	往年(おうねん・오오넹) 왕년 往復(おうふく・오오후꾸) 왕복 来週(らいしゅう・라이슈우) 내주 来世(らいせ・라이세) 내세

あ行

おお あた 大 当 り （대히트） 오오 아따 리	おお がか 大 掛 り （대규모） 오오 가까 리
大雨(おおあめ・오오아메) 큰 비 大息(おおいき・오오이끼) 한숨 突当り(つきあたり・쓰끼아다리) 　　　막다른 곳 当節(とうせつ・도오세쓰) 요즈음	大手(おおて・오오떼) 활개 大通り(おおどおり・오오도오리) 　　　행길 掛り合い(かかりあい・가까리아이) 　　　말려듦
おお かた 大 方 （대충, 오오 까따 대략）	おお ぎょう 大 仰 （매우 놀람） 오오 교오
大筋(おおすじ・오오스지) 대강 大空(おおぞら・오오조라) 넓은 　　　하늘 夕方(ゆうがた・유우가다) 해질녘 方法(ほうほう・호오호오) 방법	大口(おおぐち・오오구찌) 장담 大声(おおごえ・오오고에) 큰 소리 仰山(ぎょうさん・교오상) 과장된 몸짓 仰天(ぎょうてん・교오뗑) 깜짝 놀람
おお げ さ 大 袈 裟 （과장,허 오오 게 사 풍을 떰）	おお ぜい 大 勢 （많은 사람） 오오 제이
大幅(おおはば・오오하바) 대폭 大目(おおめ・오오메) 너그러움 袈裟(けさ・게사) 승려가 입는 　　　가사	大柄(おおがら・오오가라) 몸집이 　　　큼 大金(おおがね・오오가네) 큰 돈 勢力(せいりょく・세이료꾸) 세력 姿勢(しせい・시세이) 자세

あ行

大 目 （넉넉함, おお め 오오 메 관대함）	**大 様** （대범함, おお よう 오오 요오 의젓함）
大仕掛け(おおじかけ・오오지까께) 대규모 大部屋(おおべや・오오베야) 큰 방 目糞(めくそ・메꾸소) 눈꼽 目先(めさき・메사끼) 눈 앞	大穴(おおあな・오오아나) 큰 구멍 大凡(おおよそ・오오요소) 대략 様式(ようしき・요오시끼) 양식 姫様(ひめさま・히메사마) 공주님
可笑しい （우습다） おか 오 까 시 이	**奥 様** （마님, おく さま 오꾸 사마 아주머니）
可決(かけつ・가께쓰) 가결 許可(きょか・교까) 허가 笑顔(えがお・에가오) 웃는 얼굴 笑止(しょうし・쇼오시) 가소로움	奥道(おくみち・오꾸미찌) 산길 奥歯(おくば・오꾸바) 어금니 様様(さまざま・사마자마) 여러 가지 有様(ありさま・아리사마) 상태
臆 病 （겁, おく びょう 오꾸 뵤오 겁쟁이）	**臆 面** （주눅들 おく めん 오꾸 멩 린 얼굴）
臆測(おくそく・오꾸소꾸) 억측 臆中(おくちゅう・오꾸쮸우) 마음 속 病院(びょういん・뵤오잉) 병원 病人(びょうにん・뵤오닝) 환자	臆説(おくせつ・오꾸세쓰) 억설 臆断(おくだん・오꾸당) 억단 面接(めんせつ・멘세쓰) 면접 満面(まんめん・만멩) 만면

あ行

<ruby>教<rt>おし</rt></ruby>え<ruby>子<rt>ご</rt></ruby> (제자) 오시 에 고	<ruby>押<rt>おし</rt></ruby><ruby>入<rt>い</rt></ruby>れ (반침) 오시 이 레
教育(きょういく·교오이꾸) 교육 教授(きょうじゅ·교오쥬) 교수 子会社(こがいしゃ·고가이샤) 　　　자회사 弟子(でし·데시) 제자	押売り(おしうり·오시우리) 강매 押掛け(おしかけ·오시까께) 　　　밀어닥침 入れ物(いれもの·이레모노) 그릇 入門(にゅうもん·뉴우몽) 입문
お<ruby>辞<rt>じ</rt></ruby><ruby>儀<rt>ぎ</rt></ruby> (절) 오 지 기	<ruby>押<rt>おし</rt></ruby><ruby>付<rt>つ</rt></ruby>け (강요, 오시 쓰 께 　강압)
辞職(じしょく·지쇼꾸) 사직 辞退(じたい·지따이) 사퇴 儀式(ぎしき·기시끼) 의식 婚儀(こんぎ·공기) 혼례의식	押返し(おしかえし·오시까에시) 　　　되물리침 押出し(おしだし·오시다시) 밀어냄 付合い(つきあい·쓰끼아이) 교제 付着(ふちゃく·후쨔꾸) 부착
お<ruby>仕<rt>し</rt></ruby><ruby>舞<rt>まい</rt></ruby> (끝, 오 시 마이 　마지막)	お<ruby>世<rt>せ</rt></ruby><ruby>辞<rt>じ</rt></ruby> (인삿말, 오 세 지 　아첨의 말)
仕返し(しかえし·시까에시) 보복 仕事(しごと·시고또) 일 舞上がる(まいあがる·마이아가루) 　　　날아오르다 舞踊(ぶよう·부요오) 무용	世間(せけん·세껭) 세상 世話(せわ·세와) 보살핌 献辞(けんじ·겐지) 헌사 固辞(こじ·고지) 고사

あ行

怖 気 (공포심) おぞ け 오조 께	落 着 き (침착성) おち つ き 오찌 쓰 끼
畏怖(いふ·이후) 외포·공포 恐怖(きょうふ·교오후) 공포 電気(でんき·뎅끼) 전기 勇気(ゆうき·유우끼) 용기	落合(おちあい·오찌아이) 만남 落ぶれ(おちぶれ·오찌부레) 영락 着眼(ちゃくがん·쟈꾸강) 착안 着想(ちゃくそう·쟈꾸소오) 착상
落 度 (실수, おち ど 잘못) 오찌 도	億 劫 (귀찮음) おっ くう 옷 꾸우
落葉(おちば·오찌바) 낙엽 落書(らくがき·라꾸가끼) 낙서 度数(どすう·도스우) 도수 温度(おんど·온도) 온도	億年(おくねん·오꾸넹) 억년 億万(おくまん·오꾸망) 억만 劫奪(ごうだつ·고오다쓰) 겁탈 永劫(えいごう·에이고오) 영겁
良 人 (남편) おっ と 옷 또	男 一 匹 (사내 おとこ いっ びき 대장부) 오또꼬 잇 삐끼
良心(りょうしん·료오싱) 양심 良性(りょうせい·료오세이) 양성 人体(じんたい·진따이) 인체 人類(じんるい·진루이) 인류	男気(おとこぎ·오도꼬끼) 의협심 男振り(おとこぶり·오도꼬부리) 　　　남자다운 풍채 一匹(いっびき·잇삐끼) 한 마리 匹夫(ひっぶ·힛뿌) 필부

あ行

男 前 (멋진 사나이) おとこ まえ 오도꼬 마에	**音 沙 汰** (소식, 연락) おと さ た 오또 사 따
男所帯(おとこじょたい・오도꼬죠따이) 홀아비살림 男勝り(おとこまさり・오도꼬마사리) 남자 뺨침 前借り(まえがり・마에가리) 가불	足音(あしおと・아시오도) 발소리 音楽(おんがく・옹가꾸) 음악 御無沙汰(ごぶさた・고부사따) 무소식
落し穴 (함정) おと あな 오도 시 아나	**一昨年** (재작년) お と とし 오 도 또시
落し紙(おとしがみ・오도시가미) 휴지 堕落(だらく・다라꾸) 타락 穴痔(あなじ・아나지) 치질 穴蜂(あなばち・아나바찌) 땅벌	一昨日(おととい・오도또이) 그저께 昨日(さくじつ・사꾸지쓰) 어제 昨晩(さくばん・사꾸방) 어젯밤 年末(ねんまつ・넨마쓰) 연말
大 人 (어른) おと な 오또 나	**乙 女** (소녀, 처녀) おと め 오또 메
大金(だいきん・다이낑) 큰 돈 大事(だいじ・다이지) 중요함 人人(ひとびと・히도비또) 사람들 人情(にんじょう・닌죠오) 인정	乙姫(おとひめ・오도히메) 용궁에 사는 미녀 甲乙(こうおつ・고오오쓰) 갑을 端女(はしため・하시다메) 하녀 女史(じょし・죠시) 여사

あ行

踊り子 (무희) おど　こ 오도　리　꼬	**尾根** (산등성이) お　ね 오　네
踊上り(おどりあがり・오도리아가리) 펄쩍 뛰어오르다 踊込み(おどりこみ・오도리꼬미) 뛰어들음 子守歌(こもりうた・고모리우다)자장가	尾の上(おのうえ・오노우에) 산마루 尾羽(おは・오하) 새의 꽁지와 깃 根城(ねじろ・네지로) 아성 根底(こんてい・곤떼이) 근저
覚え書 (메모) おぼ　がき 오보　에　가끼	**未通女** (숫처녀) お　ほ　こ 오　보　꼬
覚束無い(おぼつかない・오보쓰까 나이) 불안하다 覚悟(かくご・가꾸고) 각오 書入れ(かきいれ・가끼이레) 써넣음	未経験(みけいけん・미게이껭) 미 경험 未知(みち・미찌) 미지 通話(つうわ・쓰우와) 통화 姦通(かんつう・간쓰우) 간통
お目玉 (꾸중, お　め　だま　질책) 오　메　다마	**思切り** (마음껏, おもい　き　단념) 오모이　끼　리
目玉(めだま・메다마) 눈알 目前(もくぜん・모꾸젱) 목전 玉垣(たまがき・다마가끼) 울타리 紅玉(こうぎょく・고오교꾸) 홍옥	思違い(おもいちがい・오모이지가이) 오해 思遣り(おもいやり・오모이야리)동정 踏切(ふみきり・후미끼리) 건널목 切除(せつじょ・세쓰죠) 절제

あ行

思い出 (추억) おも・い・で 오모 이 데	**面影** (모습) おも・かげ 오모 까게
思出す(おもいだす・오모이다스) 　　　생각해내다 思付き(おもいつき・오모이쓰끼) 착상 日の出(ひので・히노데) 일출 出廷(しゅってい・슛떼이) 출정	面忘れ(おもわすれ・오모와스레) 　　　얼굴을 잊음 影法子(かげぼうし・가게보오시) 　　　그림자 月影(つきかげ・쓰끼가게) 달빛
面白い (재미있다) おも・しろ・い 오모 시로 이	**面持** (표정) おも・もち 오모 모찌
面差し(おもざし・오모자시)　얼굴 　　　모양 面談(めんだん・멘당) 면담 白熊(しろくま・시로구마) 백곰 白黒(しろくろ・시로구로) 흑백	面立ち(おもだち・오모다찌) 용모 面目(めんぼく・멘보꾸) 면목 持ち分(もちぶん・모찌붕) 자기몫 持前(もちまえ・모찌마에) 천성
母屋 (집의 안채) おも・や 오모 야	**親分** (두목, おや・ぶん　　보스) 오야 붕
母親(ははおや・하하오야) 모친 父母(ふぼ・후보) 부모 床屋(とこや・도꼬야) 이발소 宿屋(やどや・야도야) 여관	親子(おやこ・오야꼬) 부모와 자식 親不孝(おやふこう・오야후꼬오) 　　　불효 分店(ぶんてん・분뗑) 분점 分裂(ぶんれつ・분레쓰) 분열

あ行

折合い おり あ い (타협, 절충) 오리 아 이	**折柄** おり から (때마침) 오리 가라
折悪しく (おりあしく・오리아시꾸) 　　공교롭게. 하필이면 折れ口(おれくち・오레구찌) 접힌 곳 合憎(あいにく・아이니꾸) 하필이면	折り目(おりめ・오리메) 접은 금 時折(ときおり・도끼오리) 이따금 図柄(ずがら・즈가라) 도안 人柄(ひとがら・히도가라) 사람됨
折節 おり ふし (그때그때) 오리 후시	**卸屋** おろし や (도매상) 오로시 야
折り箱(おりばこ・오리바꼬) 도시락 折角(せっかく・셋까꾸) 모처럼 節節(ふしふし・후시후시) 마디마디 節回し(ふしまわし・후시마와시) 곡조	卸売り(おろしうり・오로시우리) 도매 卸値段(おろしねだん・오로시네당) 　　도매값 質屋(しちや・시찌야) 전당포 屋外(おくがい・오꾸가이) 옥외
恩返し おん がえ し (은혜갚음) 옹 가에 시	**音頭** おん ど (선창, 앞장섬) 온 도
恩愛(おんあい・옹아이) 은애 恩典(おんてん・온뗑) 은전 返し縫い(かえしぬい・가에시누이) 　　박음질 仕返し(しかえし・시까에시) 보복	音楽(おんがく・옹가꾸) 음악 音痴(おんち・온찌) 음치 頭角(とうかく・도오가꾸) 두각 先頭(せんとう・센또오) 선두

か行

甲 斐 (보람) か い 가 이	飼 犬 (기르는 개) かい いぬ 가이 이누
甲斐性(かいしょう・가이쇼오) 주변 머리 甲殻(こうかく・고오가꾸) 갑각 甲羅(こうら・고오라) 동물의 등딱지	飼鳥(かいどり・가이도리) 기르는 새 飼主(かいぬし・가이누시) 사육주 犬子ろ(いぬころ・이누꼬로) 강아지 犬畜生(いぬちくしょう・이누지꾸쇼 오) 개새끼
貝 殻 (조개껍 데기) かい がら 가이 가라	懐 胎 (잉태) かい たい 가이 따이
貝塚(かいつか・가이쓰까) 조개무지 抜け殻(ぬけがら・누께가라) 빈껍질 旧殻(きゅうかく・규우까꾸) 구각	懐疑(かいぎ・가이기) 회의 懐中(かいちゅう・가이쮸우) 회중 胎児(たいじ・다이지) 태아 胎内(たいない・다이나이) 태내
買 い 手 (사는 사람) か い て 가 이 떼	外 聞 (소문, 평판) がい ぶん 가이 붕
買占め(かいじめ・가이지메) 매점 買い主(かいぬし・가이누시) 사는 사람 手習い(てならい・데나라이) 습자 手筈(てはず・데하즈) 준비	外画(がいが・가이가) 외화 海外(かいがい・가이가이) 해외 見聞(けんぶん・겐붕) 견문 新聞(しんぶん・신붕) 신문

42

か行

介 抱 (간호, 병구완) かい ほう 가이 호오	皆 目 (전혀, 도무지) かい もく 가이 모꾸
介入(かいにゅう・가이뉴우) 개입 紹介(しょうかい・쇼오까이) 소개 抱負(ほうふ・호오후) 포부 抱擁(ほうよう・호오요오) 포옹	皆勤(かいきん・가이낑) 개근 皆労(かいろう・가이로오) 개로 目測(もくそく・모꾸소꾸) 목측 目的(もくてき・모꾸떼끼) 목적
買 物 (쇼핑) かい もの 가이 모노	替 玉 (가짜) かえ だま 가에 다마
買被り(かいかぶり・가이까부리) 높 　게 평가함 買切り(かいきり・가이끼리) 매절 物慣れ(ものなれ・모노나레) 익숙함 物見(ものみ・모노미) 구경	替着(かえぎ・가에기) 여벌옷 替名(かえな・가에나) 별명 玉菜(たまな・다마나) 양배추 手玉(てだま・데다마) 공기(놀이용)
顔 触 れ (멤버) かお ぶ 가오 부 레	顔 向 け (체면, 대할 낯) かお む 가오 무 께
顔負け(かおまけ・가오마께) 무색 顔役(かおやく・가오야꾸) 유명인 前触れ(まえぶれ・마에부레) 조짐 接触(せっしょく・셋쇼꾸) 접촉	顔色(かおいろ・가오이로) 안색 顔付き(かおつき・가오쓰끼) 얼굴 　생김 向合い(むきあい・무끼아이) 마주봄 向学(こうがく・고오가꾸) 향학

か行

案山子 (허수아비) か か し 가 까 시	**書留** (등기우편) かき とめ 가끼 도메
案件(あんけん・앙껭) 안건 案出(あんしゅつ・안슈쓰) 안출 山風(やまかぜ・야마가제) 산바람 山道(やまみち・야마미찌) 산길	書取り(かきとり・가끼도리) 받아쓰기 書式(しょしき・쇼시끼) 서식 引留め(ひきとめ・히끼도메) 만류 保留(ほりゅう・호류우) 보류
垣根 (울타리) かき ね 가끼 네	**隠し子** (사생아) かく し ご 가꾸 시 고
垣越(かきごし・가끼고시) 울타리 　　　　　너머 生垣(なまかき・나마가끼) 생울타리 根方(ねかた・네까따) 밑둥 根拠(こんきょ・공꾜) 근거	隠し絵(かくえ・가꾸시에) 숨은 그림 隠し事(かくしごと・가꾸시고또) 비밀 子役(こやく・고야꾸) 어린이역 王子(おうじ・오오시) 왕자
愕然 (깜짝 놀람) がく ぜん 가꾸 젱	**格段** (각별히) かく だん 가꾸 당
驚愕(きょうがく・교오가꾸) 경악 自然(しぜん・시젱) 자연 当然(とうぜん・도오젱) 당연	格調(かくちょう・가꾸쬬오) 격조 合格(ごうかく・고오까꾸) 합격 一段(いちだん・이찌당) 일단. 보다 階段(かいだん・가이당) 계단

か行

額　縁 (액자, 사진틀) がく　ぶち 가꾸　부찌	楽　屋 (무대 뒤) がく　や 가꾸　야
額面(がくめん・가꾸멩) 액면 金額(きんがく・깅가꾸) 금액 縁故(えんこ・엥꼬) 연고 良縁(りょうえん・료오엥) 좋은 혼처	楽譜(がくふ・가꾸후) 악보 安楽(あんらく・안라꾸) 안락 空屋(あきや・아끼야) 빈집 屋舎(おくしゃ・오꾸샤) 건축물
掛合い (담판, 흥정) かけ　あ　い 가께　아　이	駆落ち (사랑의 도피) かけ　お　ち 가께　오　찌
掛替え(かけがえ・가께가에) 여벌 掛金(かけがね・가께가네) 부금 合同(ごうどう・고오도오) 합동 合法(ごうほう・고오호오) 합법	駆込み(かけこみ・가께꼬미) 뛰어듦 駆引き(かけひき・가께히끼) 흥정 落着き(おちつき・오찌쓰끼) 침착 落馬(らくば・라꾸바) 낙마
陰　口 (험담) かげ　くち 가게　구찌	駆出し (신참) かけ　だ　し 가께　다　시
陰日向(かげひなた・가게히나다) 음지와 양지 陰謀(いんぼう・인보오) 음모 口出し(くちだし・구찌다시) 말참견 口付き(くちつき・구찌쓰끼) 입모습	駆足(かけあし・가께아시) 구보 駆比べ(かけくらべ・가께구라베) 경주 思い出(おもいで・오모이데) 추억 出動(しゅつどう・슈쓰도오) 출동

か行

影法師 (그림자) かげ ほう し 가게 보오 시	**陽炎** (아지랭이) かげ ろう 가게 로오
影画(かげえ・가게에) 그림자놀이 木影(きかげ・기가게) 나무그림자 法律(ほうりつ・호오리쓰) 법률 師道(しどう・시도오) 사도	陽性(ようせい・요오세이) 양성 太陽(たいよう・다이요오) 태양 炎症(えんしょう・엔쇼오) 염증 腸炎(ちょうえん・쵸오엥) 장염
加減 (조절, か げん 가감) 가 겡	**風車** (풍차,팔 かざ ぐるま 랑개비) 가자 구루마
加盟(かめい・가메이) 가맹 参加(さんか・상까) 참가 減員(げんいん・겡잉) 감원 減少(げんしょう・겐쇼오) 감소	風向き(かざむき・가자무끼) 바람 　　　　의 방향 風除け(かざよけ・가자요께) 바람막이 車代(くるまだい・구루마다이) 차비 口車(くちぐるま・구찌구루마) 입방아
飾り物 (장식품) かざ もの 가자 리 모노	**火事** (불,화재) か じ 가 지
飾気(かざりけ・가자리께) 겉꾸밈 飾り窓(かざりまど・가자리마도) 쇼 　　　　윈도우 物頭(ものがしら・모노가시라) 두목 物好き(ものすき・모노스끼) 호기심	火災(かさい・가사이) 화재 火花(ひばな・히바나) 불꽃 事件(じけん・지껭) 사건 事務(じむ・지무) 사무

か行

仮借（か·가　しゃく·샤꾸）（가차, 용서）	**風邪**（か·가　ぜ·제）（감기）
仮称(かしょう·가쇼오) 가칭 仮説(かせつ·가세쓰) 가설 借用(しゃくよう·샤꾸요오) 차용 借金(しゃっきん·샷낑) 돈을 꿈	風当り(かぜあたり·가제아다리) 바람맞이 風俗(ふうぞく·후오조꾸) 풍속 邪教(じゃきょう·쟈꾜오) 사교 邪険(じゃけん·쟈껭) 매정함
肩書（かた·가다　がき·가끼）（신분, 직함）	**片恋**（かた·가다　こい·꼬이）（짝사랑）
肩車(かたぐるま·가다구루마) 목말 肩先(かたさき·가다사끼) 어깨죽지 書留(かきとめ·가끼도메) 등기우편 書類(しょるい·쇼루이) 서류	片袖(かたそで·가다소데) 한쪽소매 片端(かたはし·가다하시) 한쪽끝 恋文(こいぶみ·고이부미) 연애편지 恋慕(れんぼ·렌보) 연모
片言（かた·가다　こと·꼬또）（불완전한 말）	**固唾**（かた·가다　ず·즈）（침을 삼키다）
片意地(かたじ·가다이지) 외고집 片方(かたほう·가따호오) 한쪽 言付け(ことづけ·고도즈께) 전갈 言及(げんきゅう·겡뀨우) 언급	固まる(かたまる·가다마루) 굳어지다 固定(こてい·고떼이) 고정 唾液(だえき·다에끼) 침

か行

片 手 (한 손) 가다 떼		形 見 (유물, 가다 미 기념품)
片隅(かたすみ・가다스미) 한구석 片目(かため・가다메) 한쪽눈 手先き(てさき・데사끼) 앞잡이 手腕(しゅわん・슈왕) 수완		形無し(かたなし・가다나시) 형편 없이 됨 形式(けいしき・게이시끼) 형식 見積り(みつもり・미쓰모리) 견적 見本(みほん・미홍) 견본
肩 身 (체면, 가다 미 면목)		片 輪 (불구자, 가다 와 병신)
肩口(かたぐち・가다구찌) 어깨죽지 肩幅(かたはば・가다하바) 어깨폭 身分(みぶん・미붕) 신분 修身(しゅうしん・슈우싱) 수신・공민		片腕(かたうで・가다우데) 한쪽팔 片道(かたみち・가다미찌) 편도 腕輪(うでわ・우데와) 팔찌 車輪(しゃりん・샤링) 차바퀴
格 好 (모양, 갓 꼬오 몰골)		勝 手 (멋대로, 갓 떼 사정)
恰幅(かっぷく・갓뿌꾸) 풍채 大好き(だいすき・다이스끼) 매우 좋아함 好物(こうぶつ・고오부쓰) 좋아하 는 음식		勝気(かちき・가찌끼) 오기 勝利(しょうり・쇼오리) 승리 手堅い(てがたい・데가따이) 건실함 手軽(てがる・데가루) 가볍움, 간 편함

か行

合点 (승낙, 동의) 갓　뎅	合羽 (비옷, 우비) 갓　빠
合唱(がっしょう・갓쇼오) 합창 合戦(かっせん・갓셍) 전투 点検(てんけん・뎅껭) 점검 点数(てんすう・뎅스우) 점수	合算(がっさん・갓상) 합산 集合(しゅうごう・슈우고오) 집합 羽毛(うもう・우모오) 날개털 二羽(にわ・니와) 두 마리
門違い (착각) 가도 지가 이	家内 (집사람, 아내) 가　나이
門口(かどぐち・가도구찌) 문간 門出(かどで・가도데) 출발 間違い(まちがい・마찌가이) 잘못 違反(いはん・이항) 위반	家計(かけい・가께이) 가계 家庭(かてい・가떼이) 가정 内外(ないがい・나이가이) 내외 内心(ないしん・나이싱) 내심
彼方 (저쪽, 저기) 가 나따	金持 (부자) 가네 모찌
彼女(かのじょ・가노죠) 그녀 彼等(かれら・가레라) 그들 貴方(あなた・아나따) 당신 方向(ほうこう・호오꼬오) 방향	金入れ(かねいれ・가네이레) 지갑 金融(きんゆう・깅유우) 금융 持物(もちもの・모찌모노) 소유물 持続(じぞく・지조꾸) 지속

か行

果 報 (행운, 행복) か ほう 가 호오	**我 慢** (참음, 견딤) が まん 가 망
果報者(かほうもの·가호오모노) 행운아 果物(くだもの·구다모노) 과일 報恩(ほうおん·호오옹) 보은 報国(ほうこく·호오꼬꾸) 보국	我執(がしゅう·가슈우) 아집 我欲(がよく·가요꾸) 아욕 慢心(まんしん·만싱) 자만심 自慢(じまん·지망) 자랑
紙 入 れ (지갑) かみ い 가미 이 레	**紙 切 れ** (종이조각) かみ き 가미 끼 레
紙屑(かみくず·가미구즈) 휴지 用紙(ようし·요오시) 용지 入り口(いりぐち·이리구지) 입구 入隊(にゅうたい·뉴우따이) 입대	紙挟み(かみばさみ·가미바사미) 종이끼우개 紙袋(かみぶくろ·가미부꾸로) 봉투 切れ端(きれはし·기레하시) 토막 切ない(せつない·세쓰나이) 안타깝다
神 様 (하느님, 신령님) かみ さま 가미 사마	**神 業** (신의 조화) かみ わざ 가미 와자
神仏(かみほとけ·가미호도께) 신불 神秘(しんぴ·신삐) 신비 貴方様(あなたさま·아나따사마) 당신	神掛け(かみかけ·가미까께) 맹세코 神意(しんい·싱이) 신의 뜻 仕業(しわざ·시와자) 처사. 소행 業種(ぎょうしゅ·교오슈) 업종

か行

空 元 気 (허세, 객기) から げん き 가라 겡 끼	仮 初 (잠시, 임시로) かり そめ 가리 소메
空車(からぐるま・가라구루마) 빈차 空身(からみ・가라미) 맨몸 元老(げんろう・겐로오) 원로 元来(がんらい・간라이) 원래	仮親(かりおや・가리오야) 양부모 仮縫い(かりぬい・가리누이) 가봉 初等(しょとう・쇼또오) 초등 最初(さいしょ・사이쇼) 최초
軽 業 (곡예, 서커스) かる わざ 가루 와자	可 愛 い (귀엽다) か わ 가 와 이
軽軽(かるがる・가루가루) 거뜬히 軽快(けいかい・게이까이) 경쾌 農業(のうぎょう・노노교오) 농업 業務(ぎょうむ・교오무) 업무	可笑しい(おかしい・오까시이) 우습다 可能(かのう・가노오) 가능 愛人(あいじん・아이징) 애인 愛情(あいじょう・아이죠오) 애정
可 哀 相 (딱함, 불쌍함) か わい そう 가 와이 소오	為 替 (환어음) かわ せ 가와 세
可決(かけつ・가리쓰) 가결 可憐(かれん・가렝) 가련. 귀여움 哀惜(あいせき・아이세끼) 애석 哀絶(あいぜつ・아이제쓰) 애절	行為(こうい・고오이) 행위 交替(こうたい・고오따이) 교대 振替(ふりかえ・후리까에) 진채

か行

河 原 (개울가의 들판) か わら 가 와라	観 光 (관광) かん こう 강 꼬오
河口(かわぐち・가와구찌) 하구 大河(たいが・다이가) 대하 原始(げんし・겐지) 원시 野原(のはら・노하라) 들판	観客(かんきゃく・강꺄꾸) 관객 観衆(かんしゅう・간슈우) 관중 光線(こうせん・고오셍) 광선 光明(こうみょう・고오묘오) 광명
癇 癪 (짜증, かん しゃく 울화) 간 샤꾸	勘 定 (계산, かん じょう 월급) 간 죠오
癇性(かんしょう・간쇼오) 신경질 癪の種(しゃくのたね・샤꾸노다네) 　　　　울화의 원인 小癪(こしゃく・고샤꾸) 괘씸하다	堪忍(かんにん・간닝) 용서 割勘(わりかん・와리깡) 나눠서 냄 定着(ていちゃく・데이짜꾸) 정착 一定(いってい・잇떼이) 일정
感 心 (감탄, かん しん 기특함) 간 싱	肝 心 (정작, かん じん 긴요) 간 징
感嘆(かんたん・간땅) 감탄 感動(かんどう・간도오) 감동 心血(しんけつ・싱께쓰) 심혈 用心(ようじん・요오징) 조심	肝臓(かんぞう・간조오) 간장 肝油(かんゆ・강유) 간유 心身(しんしん・신싱) 심신 関心(かんしん・간싱) 관심

か行

勘 違 い (착각) 간 찌가 이	**勘 当** (의절,인연 간 도오 을 끊음)
勘案(かんあん・강앙) 감안 門違い(かどちがい・가도찌가이) 착각 違背(いはい・이하이) 위배	勘考(かんこう・강꼬오) 깊이 생각함 勘所(かんどころ・간도꼬로) 요소 当所(とうしょ・도오쇼) 이곳 当人(とうにん・도오닝) 본인
勘 忍 (용서, 간 닝 인내)	**観 念** (각오, 간 넴 단념)
勘定(かんじょう・간죠오) 계산 忍従(にんじゅう・닌쥬우) 인종 忍耐(にんたい・닌따이) 인내	観察(かんさつ・간사쓰) 관찰 観音(かんのん・간농) 관음 念珠(ねんじゅ・넨쥬) 염주 記念(きねん・기넹) 기념
頑 張 る (버티다) 간 바 루	**勘 弁** (용서를 간 벵 구함)
頑固(がんこ・강꼬) 완고 頑丈(がんじょう・간죠오) 튼튼함 張合い(はりあい・하리아이) 의욕 出張(しゅっちょう・슛쬬오) 출장	勘繰り(かんぐり・강구리) 예측, 짐작 弁解(べんかい・벵까이) 변명 弁当(べんとう・벤또오) 도시락

か行

感冒 (かんぼう) (감기) 간 보오	生一本 (きいっぽん) (순수함) 기 잇 뽕
感覚(かんかく・강까꾸) 감각 感泣(かんきゅう・강뀨우) 감읍 冒険(ぼうけん・보오껭) 모험 冒涜(ぼうとく・보오도꾸) 모독	生娘(きむすめ・기무스메) 숫처녀 生意気(なまいき・나마이끼) 건방짐 本当(ほんとう・혼또오) 정말 絵本(えほん・에홍) 그림책
気懸り (きがかり) (염려, 기 가까 리 근심)	聞込み (ききこみ) (탐문) 기끼 꼬 미
気圧(きあつ・기아쓰) 기압 上気(じょうき・죠오끼) 상기함 懸命(けんめい・겐메이) 열심 懸念(けねん・게넹) 걱정	聞及び(ききおよび・기끼오요비) 전해들음 聞流し(ききながし・기끼나가시)흘려들음 見込み(みこみ・미꼬미) 가능성 申込み(もうしこみ・모오시꼬미) 신청
利き目 (ききめ) (효과, 기 끼 메 효력)	気嫌 (きげん) (기분, 기 겡 비위)
腕利き(うできき・우데기끼) 수완가 利用(りよう・리요오) 이용 目盛(めもり・메모리) 눈금 目標(もくひょう・모꾸효오) 목표	気炎(きえん・기엥) 기염 気魄(きはく・기하꾸) 기백 嫌味(いやみ・이야미) 싫은 소리 嫌疑(けんぎ・겡기) 혐의

54

か行

気 候 (기후, 날씨) き こう 기 꼬오	気 障 (언동이 아니꼬움) き ざ 기 자
気象(きしょう・기쇼오) 기상 気質(きしつ・기시쓰) 기질 時候(じこう・지꼬오) 시후 天候(てんこう・뎅꼬오) 날씨	気骨(きこつ・고꼬쓰) 기골 根気(こんき・공끼) 끈기 目障り(めざわり・메자와리) 눈에 거슬림 故障(こしょう・고쇼오) 고장
生 地 (본바탕, 옷의 천) き じ 기 지	気 性 (타고난 기질) き しょう 기 쇼오
生薬(きぐすり・기구스리) 생약 生命(せいめい・세이메이) 생명 地震(じしん・지싱) 지진 整地(せいち・세이찌) 정지	気概(きがい・기가이) 기개 短気(たんき・당끼) 성질이 급함 性根(しょうね・쇼오네) 심뽀 性能(せいのう・세이노오) 성능
気 丈 (마음이 다부짐) き じょう 기 죠오	傷 口 (상처) きず ぐち 기즈 구찌
気温(きおん・기옹) 기온 気晴らし(きばらし・기바라시) 기분풀이 丈夫(じょうぶ・죠오부) 튼튼함 頑丈(がんじょう・간죠오) 튼튼함	傷跡(きずあと・기스아도) 상처자국 負傷(ふしょう・후쇼오) 부상 口笛(くちぶえ・구찌부에) 휘파람 口調(くちょう・구쬬오) 말투

55

か行

気立て (마음씨) き だ て 기 다 떼	**几帳面** (꼼꼼함) き ちょう めん 기 쬬오 멩
気絶(きぜつ·기제쓰) 기절 気取る(きどる·기도루) 으시대다 立札(たてふだ·다데후다) 팻말 公立(こうりつ·고오리쓰) 공립	床几(しょうぎ·쇼오기) 걸상 帳幕(とばり·도바리) 장막 面影(おもかげ·오모가게) 모습 面前(めんぜん·멘젱) 면전
喫茶店 (찻집) きっ さ てん 깃 사 뗑	**生粋** (순수) きっ すい 깃 스이
喫煙(きつえん·기쓰엥) 흡연 喫驚(きっきょう·깃꾜오) 깜짝 놀람 茶屋(ちゃや·쟈야) 찻집 店頭(てんとう·덴또오) 점두	生真面目(きまじめ·기마지메) 고 지식함 生活(せいかつ·세이까쓰) 생활 純粋(じゅんすい·쥰스이) 순수
切手 (우표) きっ て 깃 떼	**屹度** (꼭, きっ と 깃 또 반드시)
切切(せつせつ·세쓰세쓰) 절실함 切迫(せっぱく·셋빠구) 절박 手口(てぐち·데구찌) 수법 技手(ぎしゅ·기슈) 기수	屹然(きつぜん·기쓰젱) 높이 솟음 度量(どりょう·도료오) 도량 態度(たいど·다이도) 태도

か行

きっ ぶ 切 符 (표, 깃 뿌 입장권)	き てん 機 転 (재치) 기 뗑
切っ先(きっさき・깃사끼) 칼끝 切り目(きりめ・기리메) 잘른 자리 符号(ふごう・후고오) 부호 符合(ふごう・후고오) 부합	機械(きかい・기까이) 기계 機会(きかい・기까이) 기회 転換(てんかん・뎅깡) 전환 自転(じてん・지뗑) 자전
き のう 昨 日 (어제) 기 노오	き どく 気 の 毒 (딱하다, 기 노 도꾸 가엾다)
昨日(さくじつ・사꾸지쓰) 어제 昨夜(ゆうべ・유우베) 어젯밤 日用(にちよう・니찌요오) 일용 夕日(ゆうひ・유우히) 석양	気合(きあい・기아이) 기합 元気(げんき・겡끼) 탈이 없음 毒草(どくそう・도꾸소오) 독초 毒薬(どくやく・도꾸야꾸) 독약
き まえ 気 前 (기질,마음 기 마에 씀씀이)	き まま 気 儘 (멋대로, 기 마마 방자함)
気軽(きがる・기가루) 마음편함 気道(きどう・기도오) 숨통 前借り(まえがり・마에가리) 가불 前進(ぜんしん・젠싱) 전진	気兼ね(きがね・기가네) 염려 気長(きなが・기나가) 조급하지 　　　　　　않게 我儘(わがまま・와가마마) 고집쟁 이, 제멋대로의 성격

か行

決り文句 (틀에 박힌 말) きま もんく 기마 리 몽 꾸	気 味 (기색, 티) き み 기 미
決り切った(きまりきった・기마리낏따) 극히 당연한 決めて(きめて・기메떼) 수단 文殊(もんじゅ・몬쥬) 문수보살	気詰り(きづまり・기즈마리) 어색함 気稟(きひん・기힝) 기품 味噌(みそ・미소) 된장 興味(きょうみ・교오미) 흥미
生 娘 (숫처녀) き むすめ 기 무스메	肝っ玉 (배짱, 용기) きも たま 기못 따마
生地(きじ・기지) 본바탕 生産(せいさん・세이상) 생산 一人娘(ひとりむすめ・히도리무스 메) 외동딸	肝試し(きもだめし・기모다메시) 배짱을 시험해보는 것 肝臓(かんぞう・간조오) 간장 玉の緒(たまのお・다마노오) 목숨줄 玉石(ぎょくせき・교꾸세끼) 옥석
気 持 (기분) き もち 기 모찌	着 物 (옷, 일본옷) き もの 기 모노
気性(きしょう・기쇼오) 성깔 気脈(きみゃく・기먀꾸) 기맥 持主(もちぬし・모찌누시) 임자 金持(かねもち・가네모찌) 부자	着流し(きながし・기나가시) 평상 시 복장 厚着(あつぎ・아쓰기) 두툼한 옷 物置(ものおき・모노오끼) 헛간 生物(いきもの・이끼모노) 생물

か行

客扱い (손님접대) きゃく あつか い 갸꾸 아쓰까 이	**逆上** (불끈함,눈 ぎゃく じょう 갸꾸 죠오 이 뒤집힘)
客用(きゃくよう・갸꾸요오) 손님용 旅客(りょきゃく・료꺄꾸) 여객 取扱い(とりあつかい・도리아쓰까이) 　　　　취급	逆説(ぎゃくせつ・갸꾸세쓰) 역설 反逆(はんぎゃく・항갸꾸) 반역 上等(じょうとう・죠오또오) 고급 上半身(じょうはんしん・죠오한싱) 　　　　상반신
客間 (객실) きゃく ま 갸꾸 마	**窮屈** (답답함, きゅう くっ 규우 꾸쓰 갑갑함)
客車(きゃくしゃ・갸꾸샤) 객차 客室(きゃくしつ・갸꾸시쓰) 객실 間柱(まばしら・마바시라) 샛기둥 間食(かんしょく・간쇼꾸) 간식	窮迫(きゅうはく・규우하꾸) 궁박 貧窮(ひんきゅう・힝규우) 빈궁 屈託(くったく・굿따꾸) 개의치 않음 理屈(りくつ・리꾸쓰) 이론
給仕 (급사, きゅう じ 규우 지 사환)	**牛耳** (좌지우지함) ぎゅう じ 규우 지
給水(きゅうすい・규우스이) 급수 供給(こうきゅう・고오뀨우) 공급 仕方(しかた・시까따) 방도 仕様(しよう・시요오) 방법	牛舎(ぎゅうしゃ・규우샤) 마굿간 牛乳(ぎゅうにゅう・규우뉴우) 우유 耳目(じもく・지모꾸) 이목 耳鳴り(みみなり・미미나리) 귀울림

か行

急_{きゅう} 場_ば (절박한	胡_{きゅう} 瓜_り (오이)

急_{きゅう} 場_ば (절박한 경우)
규우 바

急行(きゅうこう·규우꼬오) 급행

急用(きゅうよう·규우요오) 급한 일

墓場(はかば·하까바) 무덤

牧場(まきば·마끼바) 목장

胡_{きゅう} 瓜_り (오이)
규우 리

胡笛(こてき·고데끼) 호적

胡麻の蠅(ごまのはえ·고마노하에) 절도범

水瓜(すいか·스이까) 수박

器_き 用_{よう} (익숙함)
기 요오

器物(きぶつ·기부쓰) 기물

容器(ようき·요오끼) 그릇

用法(ようほう·요오호오) 용법

使用(しよう·시요오) 사용

行_{ぎょう} 儀_ぎ (행실)
교오 기

行事(ぎょうじ·교오지) 행사

行動(こうどう·고오도오) 행동

儀典(ぎてん·기뗑) 의전

礼儀(れいぎ·레이기) 예의

恐_{きょう} 縮_{しゅく} (황송, 죄송)
교오 슈꾸

恐慌(きょうこう·교오꼬오) 공황

恐喝(きょうかつ·교오까쓰) 공갈

縮小(しゅくしょう·슈꾸쇼오) 축소

縮図(しゅくず·슈꾸즈) 축도

仰_{ぎょう} 天_{てん} (놀라자 빠짐)
교오 뗑

仰山(ぎょうさん·교오상) 호들갑스럽다

大仰(おおぎょう·오오교오) 허풍친다

天国(てんごく·뎅고꾸) 천국

天地(てんち·덴찌) 천지

か行

きょ ねん 去 年　(작년) 교　 넹	きょ う 今 日　(오늘) 교　 오
去勢(きょせい・교세이) 거세 去来(きょらい・교라이) 거래 年譜(ねんぷ・넨부) 연보 年輪(ねんりん・넨링) 연륜	今月(こんげつ・공게쓰) 이 달 今晩(こんばん・곤방) 오늘밤 日光(にっこう・닛꼬오) 일광 毎日(まいにち・마이니찌) 매일
き り 際 限　(끝) 기　 리	き りょう 器 量　(용모, 기　 료오　　기량)
際会(さいかい・사이까이) 재회 間際(まぎわ・마기와) 직전 限界(げんかい・겡까이) 한계 期限(きげん・기겡) 기한	器物(きぶつ・기부쓰) 기물 土器(どき・도끼) 토기 量産(りょうさん・료오상) 양산 大量(たいりょう・다이료오) 대량
き れい 奇 麗　(예쁘다) 기　 레이	きん じょ 近 所　(근처) 긴　 죠
奇怪(きかい・기까이) 괴이함 好奇心(こうきしん・고오끼싱) 호기심 麗句(れいく・레이꾸) 아름다운 말 麗姿(れいし・레이시) 아름다운 자태	近況(きんきょう・깅꾜오) 근황 最近(さいきん・사이낑) 최근 所詮(しょせん・쇼셍) 어차피 所望(しょぼう・쇼보오) 소망

か行

具 合（ぐ・あい） 구 아이 (형편, 상태)	釘 付 け（く・ぎ・つ・け） 구기 쓰 께 (못박음)
具象（ぐしょう・구쇼오）구상 用具（ようぐ・요오구）용구 組合（くみあい・구미아이）조합 込合い（こみあい・고미아이）혼잡	釘抜き（くぎぬき・구기누끼）장도리 釘目（くぎめ・구기메）못박은 자리 付出し（つけだし・쓰께다시）청구서 付け火（つけび・쓰께비）방화
苦 情（く・じょう） 구 죠오 (불평, 불만)	愚 図（ぐ・ず） 구 즈 (꾸물거림)
苦痛（くつう・구쓰우）고통 苦難（くなん・구낭）고난 情事（じょうじ・죠오지）정사 実情（じつじょう・지쓰죠오）실정	愚鈍（ぐどん・구동）우둔 愚昧（ぐまい・구마이）우매 図案（ずあん・즈앙）도안 図式（ずしき・즈시끼）도식
屑 籠（くず・かご） 구즈 가고 (휴지통)	苦 心（く・しん） 구 싱 (고생, 고심)
屑入れ（くずいれ・구즈이에）휴지통 屑屋（くずや・구즈야）넝마장이 花籠（はなかご・하나가고）꽃바구니	苦悩（くのう・구노오）고뇌 苦杯（くはい・구하이）고배 心願（しんがん・싱강）염원 心痛（しんつう・신쓰우）심통

か行

<ruby>薬<rt>くすり</rt></ruby> <ruby>屋<rt>や</rt></ruby> (약국, 약방) 구스리 야	<ruby>曲<rt>くせ</rt></ruby> <ruby>者<rt>もの</rt></ruby> (수상한 놈) 구세 모노
薬箱(くすりばこ・구스리바꼬) 약상자 薬指(くすりゆび・구스리유비) 무명지 金物屋(かなものや・가나모노야) 철물점	曲り角(まがりかど・마가리가도) 길 모퉁이 名曲(めいきょく・메이교꾸) 명곡 第三者(だいさんしゃ・다이산샤) 제3자
<ruby>糞<rt>くそ</rt></ruby> <ruby>垂<rt>た</rt></ruby> れ (빌어먹을 놈) 구소 따 레	<ruby>果<rt>くだ</rt></ruby> <ruby>物<rt>もの</rt></ruby> (과일) 구다 모노
糞力(くそちから・구소지까라) 뚝심 糞度胸(くそどきょう・구소도꾜오) 똥배짱 垂れ髪(たれがみ・다레가미) 늘어 뜨린 머리	果実(かじつ・가지쓰) 과일 青果(せいか・세이까) 청과 物貰い(ものもらい・모노모라이) 눈다래끼 売物(うりもの・우리모노) 매물
<ruby>愚<rt>ぐ</rt></ruby> <ruby>痴<rt>ち</rt></ruby> (푸념) 구 찌	<ruby>口<rt>くち</rt></ruby> <ruby>笛<rt>ぶえ</rt></ruby> (휘파람) 구찌 부에
愚人(ぐじん・구징) 어리석은 사람 愚劣(ぐれつ・구레쓰) 어리석음 痴人(ちじん・지징) 치인 音痴(おんち・온찌) 음치	口入れ(くちいれ・구찌이레) 말참견 口車(くちぐるま・구찌구루마) 입방아 草笛(くさぶえ・구사부에) 풀피리 汽笛(きてき・기데끼) 기적

か行

口 振り （말투） くち ぶ り 구찌 부 리	**口 調** （말투） く ちょう 구 쬬오
口軽い（くちがるい・구찌가루이） 　입이 가볍다 口止め（くちどめ・구찌도메）입막음 身振り（みぶり・미부리）몸짓	口癖（くちぐせ・구찌구세）말버릇 口添え（くちぞえ・구찌조에）조언 調査（ちょうさ・쬬오사）조사 調剤（ちょうざい・쬬오자이）조제
靴 下 （양말） くつ した 구쓰 시다	**屈 託** （거북해함, くっ たく 개의치 않음） 굿 따꾸
靴墨（くつずみ・구쓰즈미）구두약 靴直し（くつなおし・구쓰나오시）구 　두를 고치는 사람 下調べ（したしらべ・시다시라베） 　예비조사	屈指（くっし・굿시）굴지 屈折（くっせつ・굿세쓰）굴절 託送（たくそう・다꾸소오）탁송 委託（いたく・이다꾸）위탁
首 筋 （목덜미） くび すじ 구비 스지	**工 夫** （연구） く ふう 구 후우
首っ玉（くびったま・구빗다마）모가지 首巻（くびまき・구비마끼）목도리 筋書（すじがき・스지가끼） 줄거리 　를 적은 것 筋金（すじがね・스지가네）철사	大工（だいく・다이꾸）목수 工学（こうがく・고오가꾸）공학 夫婦（ふうふ・후우후）부부 夫人（ふじん・후징）부인

か行

熊 手 (갈퀴) くま で 구마 데	**工 面** (변통, く めん 주선) 구 멩
熊足(くまあし・구마아시) 곰발 熊穴(くまあな・구마아나) 곰의 집 手下(てした・데시다) 부하 手配(てはい・데하이) 수배	工具(こうぐん・고오잉) 공원 工芸(こうげい・고오게이) 공예 面会(めんかい・멩까이) 면회 面接(めんせつ・멘세쓰) 면접
繰 返 し (되풀이, くり かえ し 반복) 구리 까에 시	**暮 れ 方** (해질녘) く がた 구 레 가따
繰越し(くりこし・구리꼬시) 이월 繰戻し(くりもとし・구리모도시) 되돌림 恩返し(おんがえし・옹가에시) 은혜 갚음 返品(へんびん・헨삥) 반품	暮し向き(くらしむき・구라시무끼) 살림살이 日暮れ(ひぐれ・히구레) 해질무렵 明け方(あけがた・아께가따) 새벽녘 方策(ほうさく・호오사꾸) 방책
苦 労 (고생) く ろう 구 로오	**玄 人** (프로, くろ うと 경험자) 구로 우또
苦心(くしん・구싱) 고생 苦悶(くもん・구몽) 고민 労働(ろうどう・로오도오) 노동 労務(ろうむ・로오무) 노무	玄妙(げんみょう・겐묘오) 현묘 幽玄(ゆうげん・유우겡) 유현 人道(じんどう・진도오) 인도 人非人(にんぴにん・닌삐닝) 개백정

か行

稽 古 (연습, 연마) けい こ 게이 꼬	芸 者 (기생) げい しゃ 게이 샤
滑稽(こっけい・곳께이) 우습다, 익살스러운 古来(こらい・고라이) 고래 古物(ふるもの・후루모노) 고물	芸術(げいじゅつ・게이쥬쓰) 예술 芸能(げいのう・게이노오) 예능 記者(きしゃ・기샤) 기자 読者(どくしゃ・도꾸샤) 독자
芸 当 (뛰어난 재주) げい とう 게이 또오	毛 色 (모양, 성질) け いろ 게 이로
芸道(げいどう・게이도오) 예도 園芸(えんげい・엥게이) 원예 当代(とうだい・도오다이) 당대 見当(けんとう・겐또오) 짐작	毛糸(けいと・게이도) 털실 毛筋(けすじ・게스지) 가리마 色色(いろいろ・이로이로) 여러가지 色彩(しきさい・시끼사이) 색채
怪 我 (부상, 상처를 입음) け が 게 가	外 科 (외과) げ か 게 까
怪人(かいじん・가이징) 괴인 物怪(もっけ・못께) 의외 我慢(がまん・가망) 참고 견딤 我我(われわれ・와레와레) 우리들	外面(げめん・게멩) 외면 外人(がいじん・가이징) 외국인 科学(かがく・가가꾸) 과학 科目(かもく・가모꾸) 과목

か行

怪 け **訝** げん (의아) 게　겡	**下** げ **戸** こ (술을 못 게　꼬　하는 사람)
怪談(かいだん·가이당) 괴담 奇怪(きかい·기까이) 괴이함 疑訝(ぎが·기가) 의아함	下手人(げしゅにん·게슈닝) 하수인 下人(げにん·게닝) 백정 戸籍(こせき·고세끼) 호적 戸別(こべつ·고베쓰) 호별
今 け **朝** さ (오늘아침) 게　사	**景** け **色** しき (경치) 게　시끼
今月(こんげつ·곤게쓰) 이달 今週(こんしゅう·곤슈우) 금주 朝霧(あさぎり·아사기리) 아침안개 朝夕(あさゆう·아사유우) 조석으로	光景(こうけい·고오께이) 광경 風景(ふうけい·후우께이) 풍경 色素(しきそ·시끼소) 색소 赤色(あかいろ·아까이로) 적색
懸 け **想** そう (사모, 게　소오　연모)	**下** げ **駄** た (나막신) 게　다
懸念(けねん·게넹) 괘념 懸命(けんめい·겐메이) 열심 想像(そうぞう·소오조오) 상상 理想(りそう·리소오) 이상	下旬(げじゅん·게중) 하순 下等(かとう·가또오) 하등 駄目(だめ·다메) 틀렸음 無駄(むだ·무다) 헛수고

か行

下 知 (게 지) (지시, 분부)	**結 構** (겟 꼬오) (훌륭함, 좋음)
下水(げすい・게스이) 하수 下女(げじょ・게죠) 하녀 知識(ちしき・지시끼) 지식 知能(ちのう・지노오) 지능	結婚(けっこん・겟꽁) 결혼 結成(けっせい・겟세이) 결성 構想(こうそう・고오소오) 구상 構造(こうぞう・고오조오) 구조
月 賦 (겟 뿌) (월부)	**懸 念** (게 넹) (괘념, 걱정)
月給(げっきゅう・겟뀨우) 월급 毎月(まいがつ・마이가쓰) 매달 賦金(ぶきん・부낑) 부금 割賦(かっぷ・갓뿌) 할부	懸案(けんあん・겡앙) 현안 懸隔(けんかく・겡까꾸) 현격 念頭(ねんとう・넨또오) 염두 専念(せんねん・센넹) 전념
仮 病 (게 뵤오) (꾀병)	**下 品** (게 힝) (천박함)
仮面(かめん・가멩) 가면 仮寝(かりね・가리네) 선잠 病院(びょういん・뵤오잉) 병원 病気(びょうき・뵤오끼) 병	下校(げこう・게꼬오) 하교 下落(げらく・게라꾸) 하락 品質(ひんしつ・힌시쓰) 품질 用品(ようひん・요오힝) 용품

か行

気(け)振(ぶ)り(り) (내색, 기색) 게 부 리	家(け)来(らい) (신하, 부하) 게 라이
気配(けはい·게하이) 낌새 気嫌(きげん·기겡) 기분 振切(ふりきり·후리끼리) 뿌리침 身振り(みぶり·미부리) 몸짓	分家(ぶんけ·붕께) 분가 人家(じんか·징까) 인가 来月(らいげつ·라이게쓰) 내달 到来(とうらい·도오라이) 도래
下(げ)痢(り) (설사) 게 리	喧(けん)嘩(か) (싸움) 겡 까
下策(げさく·게사꾸) 졸책 下郎(げろう·게로오) 하인 疫痢(えきり·에끼리) 이질 赤痢(せきり·세끼리) 이질	喧嘩腰(けんかごし·겡까고시) 시 　　　빗조 喧燥(けんそう·겐소오) 떠들썩함 喧伝(けんでん·겐뎅) 세상이 왁 　　　자지껄함
元(げん)気(き) (기운, 기력) 겡 끼	拳(げん)骨(こつ) (주먹) 겡 꼬쓰
元老(げんろう·겐로오) 원로 紀元(きげん·기겡) 기원 嫌気(いやき·이야끼) 싫증 気息(きそく·기소꾸) 호흡	拳闘(けんとう·겐또오) 권투 骨折り(ほねおり·호네오리) 수고 骨相(こっそう·곳소오) 골상 骨組み(ほねぐみ·호네구미) 뼈대

か行

見_{けん}(겐) 当_{とう}(또오) (짐작, 목표)	見_{けん}(겐) 物_{ぶつ}(부쓰) (구경)	

見_{けん}当_{とう} (짐작, 목표)
겐 또오

見_{けん}物_{ぶつ} (구경)
겐 부쓰

見習(けんしゅう・겐슈우) 견습

一見(いっけん・잇껭) 일견

当代(とうだい・도오다이) 당대

当面(とうめん・도오멩) 당면

見解(けんかい・겡까이) 견해

所見(しょけん・쇼껭) 소견

物議(ぶつぎ・부쓰기) 물의

動物(どうぶつ・도오부쓰) 동물

剣_{けん}幕_{まく} (서슬이 푸름)
겐 마꾸

懸_{けん}命_{めい} (열심, 열중)
겐 메이

剣術(けんじゅつ・겐쥬쓰) 검술

剣道(けんどう・겐도오) 검도

幕舎(ばくしゃ・바꾸샤) 막사

天幕(てんまく・덴마꾸) 천막

懸念(けねん・게넹) 염려, 근심

命題(めいだい・메이다이) 명제

命令(めいれい・메이레이) 명령

生命(せいめい・세이메이) 생명

恋_{こい}仲_{なか} (사랑하는 사이)
고이 나까

広_{こう}言_{げん} (큰소리, 장담)
고오 겡

恋敵(こいがたき・고이가다끼) 연적, 라이벌

恋人(こいびと・고이비도) 애인

仲間(なかま・나까마) 동료

広告(こうこく・고오꼬꾸) 광고

広野(こうや・고오야) 광야

言質(げんち・겐찌) 언질

遺言(ゆいごん・유이공) 유언

か行

降 参 （항복） 고오 상	強 情 （고집이 셈） 고오 죠오
降雨(こうう・고오우) 강우 降服(こうふく・고오후꾸) 항복 参加(さんか・상까) 참가 参詣(さんけい・상께이) 참배	強国(きょうこく・교오꼬꾸) 강국 強弱(きょうじゃく・교오쟈꾸) 강약 情熱(じょうねつ・죠오네쓰) 정열 恋情(れんじょう・렌죠오) 연정
交 通 （교통） 고오 쓰우	好 都 合 （안성미춤） 고오 쓰 고오
交代(こうたい・고오따이) 교대 社交(しゃこう・샤꼬오) 사교 通信(つうしん・쓰우싱) 통신 通話(つうわ・쓰우와) 통화	好魔(こうま・고오마) 호마 良好(りょうこう・료오꼬오) 양호 都会(とかい・도까이) 도회 都市(とし・도시) 도시
業 腹 （화가 복 고오 하라 받침）	交 番 （파출소） 고오 방
業界(ぎょうかい・교오까이) 업계 職業(しょくぎょう・쇼꾸교오) 직업 腹立ち(はらだち・하라다찌) 노여움 腹痛(ふくつう・후꾸쓰우) 복통	交際(こうさい・고오사이) 교제 交友(こうゆう・고오유우) 친구 番号(ばんごう・방고오) 번호 番地(ばんち・반찌) 번지

か行

こう ら **甲 羅** (거북 등의 고오 라 등딱지)	こおり みず **氷 水** (빙수, 고오리 미즈 얼음물)
甲乙(こうおつ·고오오쓰) 갑을 羅刹(らせつ·라세쓰) 악마 羅漢(らかん·라깡) 깨달음의 수 도승	氷菓子(こおがし·고오리가시) 빙과 氷枕(こおまくら·고오리마꾸라) 얼음베개 水性(みずしょう·미즈쇼오) 수성 水っ洟(みずっぱな·미즛빠나) 콧물
こう ろん **口 論** (말다툼) 고오 롱	こえ つ **声 付き** (음성, 목소 고에 쓰 끼 리의 투)
口述(こうじゅつ·고오쥬쓰) 구술 一口(ひとくち·히도구찌) 한 입 論外(ろんがい·롱가이) 논외 論調(ろんちょう·론쪼오) 논조	声変り(こえがわり·고에가와리) 변성 声明(せいめい·세이메이) 성명 付き物(つきもの·쓰끼모노) 붙어 다니는 것 貸付け(かしつけ·가시쓰께) 대부
ご かく **互 角** (실력이 고 까꾸 비슷함)	こ が **木枯らし** (초겨울의 고 가 라 시 찬바람)
互選(ごせん·고셍) 호선 相互(そうご·소오고) 상호 角膜(かくまく·가꾸마꾸) 각막 直角(ちょっかく·죳까꾸) 직각	木の間(このま·고노마) 나무 사이 木深い(こぶかい·고부까이) 나무 가 우거짐 枯れ枝(かれえだ·가레에다) 마른 가지 枯れ芝(かれしば·가레시바) 마른 잔디

72

か行

小切手 (수표) こ ぎっ て 고 깃 때	小気味 (고소하다) こ き み 고 끼 미
小使い(こづかい・고즈까이) 소사 小国(しょうごく・쇼오고꾸) 소국 切手(きって・깃떼) 우표 切腹(せっぷく・셋뿌꾸) 할복	気味(きみ・기미) 기색 小味(こあじ・고아지) 감칠맛 小石(こいし・고이시) 자갈 気長(きなが・기나가) 느긋함
極意 (무술 등 ごく い 의 비법) 고꾸 이	心地 (기분) こ こ ち 고꼬 찌
極印(ごくいん・고꾸잉) 낙인 極言(きょくげん・교꾸겡) 극언 意外(いがい・이가이) 의외 意図(いと・이또) 의도	心持(こころもち・고꼬로모찌) 기분 心棒(しんぼう・신보오) 굴레축 地下(ちか・지까) 지하 地方(ちほう・지호오) 지방
小言 (잔소리, こ ごと 꾸중) 고 고또	心当り (짐작) こころ あた 고꼬로 아다 리
小声(こごえ・고고에) 작은 목소리 小説(しょうせつ・쇼오세쓰) 소설 言付け(ことづけ・고도즈께) 전갈 言語(げんご・겡고) 언어	心変り(こころがわり・고꼬로가와리) 변심 心根(こころね・고꼬로네) 마음씨 当り障り(あたりさわり・아다리사와 리) 지장

か行

こころ　　え **心　　得** （마음가짐） 고꼬로　　에	こころ　がま　え **心　構　え** （각오） 고꼬로　가마　에
心当て(こころあて・고꼬로아데) 짐작 心身(しんしん・신싱) 심신 得意(とくい・도꾸이) 잘함, 단골 得心(とくしん・도꾸싱) 납득	心掛り(こころがかり・고꼬로가까리) 염려 心付け(こころづけ・고꼬로즈께) 정표 気構え(きがまえ・기가마에) 마음가짐 構成(こうせい・고오세이) 구성
こころ　のこ **心　残　り** （미련, 고꼬로　노꼬　리　　유감）	こころ　ぼそ **心　細　い** （불안함, 고꼬로　보소　이　　한심함）
心柄(こころえ・고꼬로에) 마음씨 心掛け(こころがけ・고꼬로가께) 마 음가짐 居残り(いのこり・이노꼬리) 혼자 남음 残金(ざんきん・장낑) 잔금	心憎い(こころにくい・고꼬로니꾸이) 얄밉다 細長い(ほそながい・호소나가이) 갸름하다 細目(ほそめ・호소메) 가는 눈
ご　　　け **後　　家** （과부, 고　　　께　　미망인）	こ　ざい　く **小　細　工** （잔꾀, 고　자이　꾸　　잔재주）
後日(ごじつ・고지쓰) 훗날 後生(ごしょう・고쇼오) 제발 家来(けらい・게라이) 신하 分家(ぶんけ・붕께) 분가	細工(さいく・사이꾸) 세공, 농간 小僧(こぞう・고조오) 어린 점원 工夫(くふう・구후우) 연구 工事(こうじ・고오지) 공사

か行

腰掛け こし か け 고시 까 께 (걸상, 의자)	乞食 こ じき 고 지끼 (거지, 걸인)
腰高(こしだか·고시다까) 거만함 腰巻き(こしまき·고시마끼) 여자의 속옷 心掛(こころがかり·고꼬로가까리) 염려 手掛り(てがかり·데가까리) 단서	乞丐(こつがい·고쓰가이) 비렁뱅이 餌食(えじき·에지끼) 먹이 食糧(しょくりょう·쇼꾸료오) 식량
腰抜け こし ぬ け 고시 누 께 (겁쟁이, 얼간이)	木立ち こ だ ち 고 다 찌 (나무숲)
腰帯(こしおび·고시오비) 허리띠 腰回り(こしまわり·고시마와리) 허리둘레 抜け足(ぬけあし·누께아시) 살금살금 海抜(かいばつ·가이바쓰) 해발	木の葉(このは·고노하) 나뭇잎 木材(もくざい·모꾸자이) 목재 立合い(たちあい·다찌아이) 입회 立脚(りっきゃく·릿꺄꾸) 입각
木霊 こ だま 고 다마 (메아리)	御馳走 ご ち そう 고 찌 소오 (반찬)
木陰(こかげ·고까게) 나무그늘 大木(たいぼく·다이보꾸) 큰 나무 霊屋(たまや·다마야) 사당 霊魂(れいこん·레이꽁) 영혼	御苦労(ごくろう·고꾸로오) 수고 御殿(ごてん·고뗑) 궁전 走破(そうは·소오하) 주파 競走(きょうそう·교오소오) 경주

か行

小遣い こづかい 고 즈까 이 (용돈)	滑稽 こっけい 곡 께이 (익살스 럽다)
小柄(こがら・고가라) 몸집이 작음 小太り(こぶとり・고부또리) 살이 조 금 찜 遺言(ゆいごん・유이공) 유언 派遣(はけん・하껭) 파견	滑走(かっそう・갓소오) 활주 潤滑油(じゅんかつゆ・중까쓰유) 윤활유 稽古(けいこ・게이꼬) 연습
木っ端 こっぱ 곳 빠 (찌끄러기, 시시한 것)	事柄 ことがら 고도 가라 (사항, 사물)
木枯し(こがらし・고가라시) 찬바람 木造(もくぞう・모꾸조오) 목조 端くれ(はしくれ・하시꾸레) 토막 端銭(はしたぜに・하시다제니) 푼돈	事毎(ことごと・고도고도) 매사 事由(じゆう・지유우) 사유 折柄(おりから・오리까라) 때마침 手柄(てがら・데가라) 공로
殊更 ことさら 고도 사라 (일부러, 짐짓)	今年 ことし 고 또시 (금년, 올해)
殊の外(ことのほか・고도노호까) 의외로 特殊(とくしゅ・도꾸슈) 특수 今更(いまさら・이마사라) 새삼스럽게 変更(へんこう・헹꼬오) 변경	今後(こんご・공고) 앞으로 今頃(いまごろ・이마고로) 지금쯤 年上(としうえ・도시우에) 연상 年令(ねんれい・넨레이) 나이

か行

こと づて 言 伝 (전갈, 고도 즈떼 전언)	こと ほか 殊 の 外 (뜻밖으로) 고도 노 호까
言行(げんこう・겡꼬오) 언행 宣言(せんげん・셍겡) 선언 伝記(でんき・뎅끼) 전기 伝達(でんたつ・덴따쓰) 전달	殊勝(しゅしょう・슈쇼오) 기특함 特殊(とくしゅ・도꾸슈) 특수 外界(がいかい・가이까이) 외계 外航(がいこう・가이꼬오) 외항
こと ば 言 葉 (말) 고도 바	こ ども 子 供 (어린이, 고 도모 아이)
言付け(ことづけ・고도즈께) 전갈 言葉付き(ことばつき・고도바쓰끼) 말투 葉書(はがき・하가끼) 엽서 若葉(わかば・와까바) 어린 잎	子宝(こだから・고다까라) 자식 子孫(しそん・시송) 자손 供廻り(ともまわり・도모마와리) 수행원 提供(ていきょう・데이꾜오) 제공
この ごろ 此 頃 (요즈음) 고노 고로	ご は さん 御 破 算 (백지화) 고 하 상
比間(このあいだ・고노아이다) 요전 此辺(このへん・고노헹) 이 근처 今頃(いまごろ・이마고로) 지금쯤 近頃(ちかごろ・지까고로) 근래	御飯(ごはん・고항) 밥 破壊(はかい・하까이) 파괴 破綻(はたん・하땅) 파탄 算定(さんてい・산떼이) 산정

か行

胡麻化し ごまかし 고 마 까 시 (거짓, 속임수)	**小間使い** こまづかい 고 마 즈까 이 (몸종, 하녀)
胡瓜(きゅうり・규우리) 오이 胡麻(ごま・고마) 참깨 麻人(はしか・하시까) 홍역 化学(かがく・가가꾸) 화학	小間物(こまもの・고마모노) 장신구 小盗人(こぬすびと・고누스비또) 　　　　좀도둑 召使い(めしづかい・메시즈까이) 　　　　심부름꾼
困り者 こまりもの 고마 리 모노 (말썽꾸러기)	**塵箱** ごみばこ 고미 바고 (쓰레기통)
困り抜く(こまりぬく・고마리누꾸) 곤 　　경에 빠짐 困窮(こんきゅう・공뀨우) 곤궁 困難(こんなん・곤낭) 곤란	塵芥(ごみあくた・고미아꾸다) 먼지 塵溜め(ごみため・고미다메) 쓰레 　　기통 箱船(はこぶね・하꼬부네) 방주 木箱(きばこ・기바꼬) 나무상자
子守唄 こもりうた 고 모리 우다 (자장가)	**小屋** こや 고 야 (오두막, 움막)
子虎(ことら・고도라) 새끼호랑이 子猫(こねこ・고네꼬) 새끼고양이 守備(しゅび・슈비) 수비 唄声(うたごえ・우따고에) 노래소리	小雨(こさめ・고사메) 가랑비 小包(こづつみ・고즈쓰미) 소포 靴屋(くつや・구쓰야) 구두가게 宝石屋(ほうせきや・호오세끼야) 　　보석가게

か行

今 宵 (오늘저녁) こ よい 고 요이	小 理 屈 (그럴싸한 구실) こ り くっ 고 리 꾸쓰
今日(きょう·교오) 오늘 今年(ことし·고도시) 금년 宵口(よいくち·요이구찌) 초저녁 宵寝(よいね·요이네) 초저녁잠	小指(こゆび·고유비) 새끼손가락 小利口(こにう·고리꼬오) 약삭빠름 理解(りかい·리까이) 이해 屈従(くつじゅう·구쓰쥬우) 굴종
頃 合 (기회, 때) ころ あい 고로 아이	破 落 戸 (부랑배, 깡패) ごろ つ き 고로 쓰 끼
頃しも(ころしも·고로시모) 때마침 日頃(ひごろ·히고로) 평소 合心(がっしん·갓싱) 합심 合致(がっち·갓찌) 합치	破棄(はき·하끼) 파기 破局(はきょく·하꾜꾸) 파국 落語(らご·라꾸고) 만담 門戸(もんこ·몽꼬) 문호
懇 意 (절친한 사이) こん い 공 이	根 気 (끈기, 참을성) こん き 공 끼
懇請(こんせい·곤세이) 간청 懇切(こんせつ·곤세쓰) 간절 意外(いがい·이가이) 의외 意味(いみ·이미) 의미	根源(こんげん·공겡) 근원 根本(こんぽん·곤뽕) 근본 気炎(きえん·기엥) 기염 天気(てんき·뎅끼) 날씨

か行

こん 根 곤 性 じょう 죠오 (근성)	こん 献 곤 立 だて 다데 (식단, 메뉴)
根気(こんき・공끼) 끈기 根絶(こんぜつ・곤제쓰) 근절 性格(せいかく・세이까꾸) 성격 素性(すじょう・스죠오) 신분	献金(けんきん・겡낑) 헌금 貢献(こうけん・고오껭) 공헌 立直し(たてなおし・다데나오시) 재건 立国(りっこく・릿꼬꾸) 입국
こん 魂 곤 胆 たん 땅 (심보, 배짱)	こん 今 곤 度 ど 도 (이번)
魂魄(こんぱく・곤빠꾸) 혼백 霊魂(れいこん・레이꽁) 영혼 胆力(たんりょく・단료꾸) 담력 豪胆(ごうたん・고오땅) 호담	今週(こんしゅう・곤슈우) 금주 今夜(こんや・공야) 오늘밤 度外れ(どはずれ・도하즈레) 지나침 程度(ていど・데이도) 정도
こん 今 곤 晩 ばん 방 (오늘밤)	こん 金 곤 輪 りん 린 際 ざい 자이 (결단코)
今月(こんげつ・공게쓰) 이 달 今般(こんばん・곤방) 금번 晩春(ばんしゅん・반슝) 만춘 早晩(そうばん・소오방) 조만	金融(きんゆう・깅유우) 금융 黄金(おうごん・오오공) 황금 輪回(りんかい・링까이) 윤회 輪転(りんてん・린뗑) 윤전

さ行

才 覚 (재치, 위트) さい かく 사이 까꾸	細 君 (남의 아내, 부인) さい くん 사이 꿍
才月(さいげつ・사이게쓰) 세월 才能(さいのう・사이노오) 재능 覚悟(かくご・가꾸고) 각오 覚醒(かくせい・가꾸세이) 각성	細胞(さいぼう・사이보오) 세포 細密(さいみつ・사이미쓰) 세밀 君子(くんし・군시) 군자 君主(くんしゅ・군슈) 군주
催 促 (독촉, 재촉) さい そく 사이 소꾸	財 布 (지갑, 수첩) さい ふ 사이 후
催眠術(さいみんじゅつ・사이민쥬쓰) 최면술 開催(かいさい・가이사이) 개최 促進(そくしん・소꾸싱) 촉진	財産(ざいさん・자이상) 재산 財団(ざいだん・자이당) 재단 布団(ふとん・후동) 이불 敷布(しきふ・시끼후) 홑이불
坂 上 (언덕 위) さか うえ 사까 우에	逆 様 (거꾸로 됨) さか さま 사까 사마
坂道(さかみち・사까미찌) 언덕길 下り坂(くだりざか・구다리자까) 내리막길 上越し(うえこし・우에꼬시) 상회 上司(じょうし・죠오시) 상사	逆上り(さかあがり・사까아가리) 거꾸로 오르기 逆潮(さかしお・사까시오) 역조 王様(おうさま・오오사마) 임금님 様子(ようす・요오스) 모양

さ行

酒 手 (팁, 술값) さか て 사까 떼	**左 官** (미장이) さ かん 사 깡
酒場(さかば・사까바) 술집 酒癖(さけくせ・사께구세) 술버릇 手錠(てじょう・데죠오) 수갑 逆手(ぎゃくて・갸꾸떼) 역수	左右(さゆう・사유우) 좌우 左側(ひだりがわ・히다리가와) 좌측 官憲(かんけん・강껭) 관헌 官庁(かんちょう・간쬬오) 관청
先 程 (아까, さき ほど 조금전) 사끼 호도	**昨 晩** (어젯밤) さく ばん 사꾸 방
先手(さきて・사끼데) 선봉 先触れ(さきぶれ・사끼부레) 예고 程合い(ほどあい・호도아이) 알맞 　　　　은 정도 余程(よほど・요호도) 어지간히	昨秋(さくしゅう・사꾸슈우) 작년가을 昨年(さくねん・사꾸넹) 작년 晩婚(ばんこん・방꽁) 만혼 晩春(ばんしゅん・반슝) 만춘
座 敷 (손님방, ざ しき 객실) 자 시끼	**指 図** (지시) さし ず 사시 즈
座長(ざちょう・자쬬오) 좌장 正座(せいざ・세이자) 정좌 敷居(しきい・시끼이) 문지방 風呂敷(ふろしき・후로시끼) 보자기	指揮(しき・시끼) 지휘 指導(しどう・시도오) 지도 図画(ずが・즈가) 도화 略図(りゃくず・랴꾸즈) 약도

さ行

差支え さし つか え (지장) 사시 쓰까 에	**刺身** さし み (생선회) 사시 미
差押さえ(さしおさえ・사시오사에) 압류 差止め(さしとめ・사시도메) 말림 支度(したく・시따꾸) 준비 支払い(しはらい・시하라이) 지불	刺違え(さしちがえ・사시지가에) 서 로 맞찌름 刺継ぎ(さしつぎ・사시쓰기) 짜깁기 身分(みぶん・미붕) 신분 身体(しんたい・신따이) 신체
流石 さす が (과연, 사스 가 딴은)	**早速** さっ そく (즉시, 곧) 삿 소꾸
流水(りゅうすい・류우스이) 유수 流星(りゅうせい・류우세이) 유성 石段(いしだん・이시당) 돌계단 小石(こいし・고이시) 돌맹이	早熟(そうじゅく・소오쥬꾸) 조숙 早春(そうしゅん・소오슝) 이른봄 速成(そくせい・소꾸세이) 속성 速度(そくど・소꾸도) 속도
札束 さつ たば (지폐뭉치) 사쓰 다바	**砂糖** さ とう (설탕) 사 또오
立札(たてふだ・다떼후다) 팻말 門札(もんさつ・몬사쓰) 문패 花束(はなたば・하나다바) 꽃다발 団束(だんそく・단소꾸) 단속	砂金(さきん・사낑) 사금 砂浜(すなはま・스나하마) 모래사장 糖分(とうぶん・도오붕) 당분 血糖(けっとう・겟또오) 혈당

さ行

最 中 (한창때) 사 나까	座 布 団 (방석) 자 부 똥
最近(さいきん・사이낑) 최근 最短(さいたん・사이땅) 최단 中頃(なかごろ・나가고로) 중간쯤 夜中(よなか・요나까) 밤중	座禅(ざぜん・자젱) 좌선 布巾(ふきん・후낑) 행주 団結(だんけつ・당께쓰) 단결 団欒(だんらん・단랑) 단란
作 法 (예의범절) 사 호오	然 程 (그다지, 사 호도 별로)
作業(さぎょう・사교오) 작업 作物(さくもつ・사꾸모쓰) 작물 法悦(ほうえつ・호오에쓰) 법열 法会(ほうかい・호오까이) 법회	然迄(さまで・사마데) 그렇게까지 天然(てんねん・덴넹) 천연 程無く(ほどなく・호도나꾸) 이윽고 程良い(ほどよい・호도요이) 알맞다
様 様 (여러가지) 사마 자마	五 月 雨 (5월 장마) 사 미 다레
様相(ようそう・요오소오) 양상 様態(ようたい・요오따이) 모습 奥様(おくさま・오꾸사마) 마님 若様(わかさま・와까사마) 도련님	五月(ごがつ・고가쓰) 5월 月夜(つきよ・쓰끼요) 달밤 雨垂れ(あまだれ・아마다레) 낙숫물 雨戸(あまど・아마도) 덧문

84

さ行

更 更 (걸코) さら　さら 사라　사라	**猿 知 恵** (잔재주, さる　ち　え　얕은 꾀) 사루　지　에
今更(いまさら・이마사라) 이제와서 殊更(ことさら・고또사라) 새삼스럽게 更迭(こうてつ・고오떼쓰) 경질 変更(へんこう・헹꼬오) 변경	猿股(さるまた・사루마다) 팬티 猿面(さるめん・사루멩) 원숭이상 知見(ちけん・지껭) 지견 知能(ちのう・지노오) 지능
算 段 (변통, さん　だん　궁리) 산　당	**散 髪** (이발) さん　ばつ 산　빠쓰
算術(さんじゅつ・산쥬쓰) 산수 計算(けいさん・게이상) 계산 段取り(だんどり・단도리) 순서·절차 段物(たんもの・단모노) 옷감	散会(さんかい・상까이) 산회 霧散(むさん・무상) 무산 髪型(かみがた・가미가다) 헤어스 타일 理髪(りはつ・리하쓰) 이발
散 歩 (산책) さん　ぽ 산　뽀	**残 念** (분함, ざん　ねん　억울함) 잔　넹
散華(さんげ・상게) 산화 散弾(さんだん・산당) 산탄 歩行(ほこう・호꼬오) 보행 一歩(いっぽ・잇뽀) 한 걸음	残酷(ざんこく・장꼬꾸) 잔혹 残品(ざんぴん・잔삥) 잔품 念入り(ねんいり・넹이리) 꼼꼼히 念力(ねんりき・넨리끼) 염력

さ行

思案 (궁리) し あん 시 앙	仕打ち (처사) し う ち 시 우 찌
思索(しさく・시사꾸) 사색 思想(しそう・시소오) 사상 案内(あんない・안나이) 안내 文案(ぶんあん・붕앙) 문안	仕掛け(しかけ・시까께) 장치 仕儀(しぎ・시기) 결과. 형편 打合せ(うちあわせ・우찌아와세) 타협 打倒(だとう・다또오) 타도
仕返し (보복) し かえ し 시 까에 시	仕方 (방법, 방도) し かた 시 까따
仕納め(しおさめ・시오사메) 끝장 仕来り(しきたり・시끼따리) 관습 返却(へんきゃく・헹꺄꾸) 반환 返礼(へんれい・헨레이) 답례	仕替え(しかえ・시까에) 다시 함 仕込み(しこみ・시꼬미) 가르침 方式(ほうしき・호오시끼) 방식 方便(ほうべん・호오벵) 방편
敷居 (문턱, 문지방) しき い 시끼 이	仕草 (행위, 처사) し ぐさ 시 구사
敷石(しきいし・시끼이시) 포석 屋敷(やしき・야시끼) 저택 居所(いどころ・이도꼬로) 처소 居住(きょじゅう・교쥬우) 거주	仕上げ(しあげ・시아게) 마무리 仕切り(しきり・시끼리) 칸막음 草原(くさはら・구사하라) 초원 草枕(くさまくら・구사마꾸라) 풀베개

さ行

仕組み _{し く} (짜임새, 조립) 시 꾸 미	**失尻り** _{し く じ} (실패) 시꾸 지 리
仕入れ(いいれ・시이레) 매입 仕業(しわざ・시와자) 소행 組立て(くみたて・구미다떼) 조립 組織(そしき・소시끼) 조직	失言(しつげん・시쓰겡) 실언 失敗(しっぱい・싯빠이) 실패 尻込み(しりごみ・시리고미) 뒷걸음질 帳尻(ちょうじり・죠오지리) 잔고
仕事 _{し ごと} (일, 직업) 시 고또	**子細** _{し さい} (사정, 연유) 시 사이
仕替え(しかえ・시가에) 다시함 奉仕(ほうし・호오시) 봉사 事毎(ことごと・고도고또) 매사 事故(じこ・지꼬) 사고	子供(こども・고도모) 어린아이 男子(だんし・단시) 남자 細工(さいく・사이꾸) 농간 細雨(さいう・사이우) 가랑비
始終 _{し じゅう} (줄곧, 곧장) 시 쥬우	**師匠** _{し しょう} (스승, 선생) 시 쇼오
始業(しぎょう・시교오) 시업 開始(かいし・가이시) 개시 終局(しゅうきょく・슈우꾜꾸) 종국 臨終(りんじゅう・린쥬우) 임종	師事(しじ・시지) 사사 師承(ししょう・시쇼오) 스승으로부터 이어받음 匠人(しょうにん・쇼오닝) 장인

さ行

自 然 (자연) し ぜん 시 젱	次 第 (차츰, し だい 점차) 시 다이
自滅(じめつ・지메쓰) 자멸 自律(じりつ・지리쓰) 자율 唖然(あぜん・아젱) 깜짝 놀람 必然(ひつぜん・히쓰젱) 필연	次席(じせき・지세끼) 차석 此の次(このつぎ・고노쓰기) 이 다음 第一(だいいち・다이이찌) 첫째 落第(らくだい・라꾸다이) 낙제
下 請 け (하청) した う 시다 우 께	舌 打 ち (혀를 차다) した う 시다 우 찌
下図(したず・시다즈) 밑그림 下役(したやく・시다야꾸) 말단 請合い(うけあい・우께아이) 보증 請求(せいきゅう・세이뀨우) 청구	舌先(したさき・시다사끼) 혀 끝 舌鼓(したつづみ・시다쓰즈미) 입 맛을 다시다 打率(だりつ・다리쓰) 타율 乱打(らんだ・란다) 난타
下 着 (속옷, した ぎ 내의) 시다 기	支 度 (준비) し たく 시 다꾸
下調べ(したしらべ・시다시라베) 예비조사 傘下(さんか・상까) 산하 着物(きもの・기모노) 옷 着服(ちゃくふく・쟈꾸후꾸) 착복	支出(ししゅつ・시슈쓰) 지출 支払い(しはらい・시하라이) 지불 度合い(どあい・도아이) 정도 何度(なんど・난도) 몇 도

88

さ行

下見分 (예비검사) 시다 겐 붕	下見 (예비조사) 시다 미
下回り(したまわり・시다마와리) 잡 　　역꾼 下読み(したよみ・시다요미) 예습 見学(けんがく・겐가구) 견학 分娩(ぶんべん・분벵) 분만	下地(したじ・시다지) 밑바탕 下町(したまち・시다마찌) 번화가 見た目(みため・미따메) 볼품 見解(けんかい・겡까이) 견해
強か者 (만만치 시다다 까 모노　않은 사람)	下心 (본심) 시다　고꼬로
手強い(てごわ・데고와이) 벅차다 強み(つよみ・쓰요미) 장점 強者(つわもの・쓰와모노) 강한 자 弱者(よわもの・요와모노) 약한 자	下書き(したがき・시다가끼) 초안 下腹(したはら・시다하라) 아랫배 心変り(こころかわり・고꼬로가와리) 　　변심 真心(まごころ・마고꼬로) 진심
地団駄 (발을 동 지 단 다　동 구름)	質屋 (전당포) 시찌　야
地形(ちけい・지께이) 지형 地面(じめん・지멩) 땅바닥 団体(だんたい・단따이) 단체 下駄(げた・게다) 나막신	質入れ(しちいれ・시찌이레) 전당 　　잡힙 人質(ひとじち・히도지찌) 인질 屋根(やね・야네) 지붕 パン屋(ぱんや・빵야) 빵가게

さ行

実家 (친정집) じっ か 짓 까	失敬 (실례, 미안) しっ けい 싯 께이
実験(じっけん・짓껭) 실험 実際(じっさい・짓사이) 실제 家臣(かしん・가싱) 가신 家主(やぬし・야누시) 집주인	失踪(しっそう・싯소오) 실종 損失(そんしつ・손시쓰) 손실 敬礼(けいれい・게이레이) 경례) 尊敬(そんけい・송께이) 존경
入魂 (절친한 사이) じっ こん 짓 꽁	質素 (검소) しっ そ 싯 소
入国(にゅうこく・뉴우고꾸) 입국 入党(にゅうとう・뉴우또오) 입당 魂胆(こんたん・곤땅) 심뽀 魂魄(こんぱく・곤빠꾸) 혼백	質疑(しつぎ・시쓰기) 질의 質問(しつもん・시쓰몽) 질문 素服(そふく・소후꾸) 소복 素朴(そぼく・소보꾸) 소박함
術無い (도리가 없다) じっ な い 지쓰 나 이	失費 (든 비용) しっ び 싯 삐
術語(じゅつご・쥬쓰고) 술어 技術(ぎじゅつ・기쥬쓰) 기술 情無い(なさけない・나사께나이) 　　한심하다 無限(むげん・무겡) 무한	失策(しっさく・삿사꾸) 실책 失礼(しつれい・시쓰레이) 실례 費用(ひよう・히요오) 비용 経費(けいひ・게이히) 경비

さ行

湿 布 (찜질) しっ ぶ 싯 뿌	尻 尾 (꼬리, しっ ぽ 꽁지) 싯 뽀
湿度(しつど・시쓰도) 습도 乾湿(かんしつ・곤시쓰) 건습 分布(ぶんぷ・분뽀) 분포 布地(ぬのじ・누노지) 옷감, 천	尻込み(しにごみ・시리고미) 뒷걸음질 失尻り(しくじり・시꾸지리) 실패 尾根(おね・오네) 산등성이 尾行(びこう・비꼬오) 미행
品 物 (물건) しな もの 시나 모노	指 南 (지도) し なん 시 낭
品切れ(しなぎれ・시나기레) 품절 品定め(しなさだめ・시나사다메) 품명(品評) 物的(ぶってき・붓떼끼) 물적 物品(ぶっぴん・붓삥) 물품	指示(しじ・시지) 지시 指数(しすう・시스우) 지수 南極(なんきょく・낭꾜꾸) 남극 南北(なんぼく・난보꾸) 남북
老 舗 (오래된 し にせ 점포) 시 니세	芝 居 (연극) しば い 시바 이
老後(ろうご・로오고) 노후 老人(ろうじん・로오징) 노인 舗道(ほどう・호도오) 포도 店舗(てんぽ・덴뽀) 점포	芝原(しばはら・시바하라) 잔디가 나있는 들판 芝山(しばやま・시바야마) 잡목이 나있는 산 居間(いま・이마) 거실

さ行

しば ふ **芝 生** (잔디밭) 시바 후	じ ぶん **自 分** (자기, 나) 지 봉
芝刈り(しばかり・시바가리) 잔디깎기 芝地(しばち・시바찌) 잔디밭 生国(しょうごく・쇼오고꾸) 고향 発生(はっせい・핫세이) 발생	自身(じしん・지싱) 자신 自立(じりつ・지리쓰) 자립 分担(ぶんたん・분땅) 분담 分類(ぶんるい・분루이) 분류
し まつ **始 末** (처리, 형편) 시 마쓰	じ まん **自 慢** (자랑) 지 망
始動(しどう・시도오) 시동 始発(しはつ・시하쓰) 시발 末年(まつねん・마쓰넹) 말년 週末(しゅうまつ・슈우마쓰) 주말	自信(じしん・지싱) 자신 自白(じはく・지하꾸) 자백 慢心(まんしん・망싱) 자만심 慢性(まんせい・만세이) 만성
じ み **地 味** (검소함, 지 미 아담함)	じ みち **地 道** (건실한 지 미찌 방법)
地位(ちい・지이) 지위 地理(ちり・지리) 지리 味見(あじみ・아지미) 맛을 봄 興味(きょうみ・쿄오미) 흥미	地域(ちいき・지이끼) 지역 地図(じず・지즈) 지도 道案内(みちあんない・미찌안나이) 　　　　　길잡이 道程(みちのり・미찌노리) 도정

さ行

締 切 (마감) しめ きり 시메 끼리	地 面 (땅바닥) じ めん 지 멩
締括り(しめくくり・시메구꾸리) 매듭 締出し(しめだし・시메다시) 쫓아냄 切り口(きりくち・기리구찌) 단면 切迫(せっぱく・셋빠꾸) 절박	地価(じか・지까) 지대・땅값 地獄(じごく・지고꾸) 지옥 面積(めんせき・멘세끼) 면적 面妖(めんよう・멘요오) 괴이함
霜 焼け (동상) しも や け 시모 야 께	邪 推 (그릇된 じゃ すい 짐작) 쟈 스이
霜柱(しもばしら・시모바시라) 서릿발 初霜(はつしも・하쓰시모) 첫서리 焼け野(やけの・야께노) 불탄 들판 夕焼け(ゆうやけ・유우야께) 저녁놀	邪計(じゃけい・쟈께이) 사계 邪道(じゃどう・쟈도오) 사도 推測(すいそく・스이소꾸) 추측 推理(すいり・스이리) 추리
尺 八 (퉁소) しゃく はち 샤꾸 하찌	若 干 (약간) じゃっ かん 쟛 깡
尺地(しゃくち・샤꾸찌) 좁은 땅 尺度(しゃくど・샤꾸도) 척도 八度(はちど・하찌도) 여덟번 八幡(はちまん・하찌망) 맹세코	若輩(じゃくはい・쟈꾸하이) 풋내기 若年(じゃくねん・쟈꾸넹) 젊은 나이 干満(かんまん・간망) 간만 干し柿(ほしがき・호시가끼) 곶감

さ行

借金 しゃっ きん (돈을 꾸다) 삿 낑	**蛇の目** じゃ の め (종이우산) 쟈 노 메
借家(しゃくや・샤꾸야) 셋집 借用(しゃくよう・샤꾸요오) 차용 金権(きんけん・깅겡) 금권 金利(きんり・긴리) 금리	大蛇(だいじゃ・다이쟈) 구렁이 毒蛇(どくへび・도꾸헤비) 독사 目付き(めつき・메쓰끼) 눈매 目前(もくぜん・모꾸젱) 눈 앞
邪魔 じゃ ま (방해) 쟈 마	**砂利** じゃ り (자갈) 쟈 리
邪心(じゃしん・쟈싱) 사심 邪推(じゃすい・쟈스이) 그릇된 추측 魔性(ましょう・마쇼오) 마성 魔法(まほう・마호오) 마법	砂漠(さばく・사바꾸) 사막 土砂(どしゃ・도샤) 토사 利潤(りじゅん・리즁) 이윤 便利(べんり・벤리) 편리
洒落 しゃ れ (멋지다, 샤 레 재치있다)	**集金** しゅう きん (수금, 슈우 낑 집금)
酒屋(さかや・사까야) 술집 酒飲み(さけのみ・사께노미) 술꾼 落下(らっか・랏까) 낙하 転落(てんらく・덴라꾸) 전락	集合(しゅうごう・슈우고오) 집합 募集(ぼしゅう・보슈우) 모집 金銭(きんせん・긴셍) 금전 料金(りょうきん・료오낑) 요금

さ行

祝言 しゅう げん 슈우 겡 (혼례, 결혼)	銃後 じゅう ご 쥬우 고 (후방)
祝儀(しゅうぎ・슈우기) 축의 祝福(しゅくふく・슈꾸후꾸) 축복 言語(げんご・겡고) 언어 進言(しんげん・싱겡) 진언	銃撃(じゅうげき・쥬우게끼) 총격 銃声(じゅうせい・쥬우세이) 총소리 後退(こうたい・고오따이) 후퇴 前後(ぜんご・젱고) 전후
住職 じゅう しょく 슈우 쇼꾸 (절의 주지)	終始 しゅう し 슈우 시 (내내, 시종)
住所(じゅうしょ・쥬우쇼) 주소 住宅(じゅうたく・쥬우따꾸) 주택 職業(しょくぎょう・쇼꾸교오) 직업 内職(ないしょく・나이쇼꾸) 부업	終戦(しゅうせん・슈우셍) 종전 終末(しゅうまつ・슈우마쓰) 종말 始務(しむ・시무) 시무 開始(かいし・가이시) 개시
住人 じゅう にん 쥬우 닝 (주민, 거주자)	十八番 じゅう はち ばん 쥬우 하찌 방 (특기, 장기)
住家(じゅうか・쥬우까) 사는 집 住居(じゅうきょ・쥬우꾜) 주거 人参(にんじん・닌징) 당근 人相(にんそう・닌소오) 인상	十里(じゅうり・쥬우리) 백리 十色(といろ・도이로) 열 가지 색 番号(ばんごう・방고오) 번호 当番(とうばん・도오방) 당번

さ行

十分 じゅう・ぶん 쥬우・붕 (충분)	**渋面** じゅう・めん 쥬우・멩 (찌푸린 얼굴)
十時(じゅうじ・쥬우지) 10시 十人(じゅうにん・쥬우닝) 10명 分納(ぶんのう・분노오) 분납 分泌(ぶんぴつ・분삐쓰) 분비	渋色(しぶいろ・시부이로) 적갈색 難渋(なんじゅう・난쥬우) 거북함 面会(めんかい・멩까이) 면회 体面(たいめん・다이멩) 체면
殊勝 しゅ・しょう 슈・쇼오 (기특함)	**数珠** じゅ・ず 쥬・즈 (염주)
殊更(ことさら・고도사라) 새삼스럽게 殊の外(ことのほか・고도노호까) 　　　　　　뜻밖에 勝敗(しょうはい・쇼오하이) 승패 勝利(しょうり・쇼오리) 승리	数回(すうかい・수우까이) 몇 번 数人(すうにん・스우닝) 몇 사람 算盤(そろばん・소로방) 주판 真珠(しんじゅ・신쥬) 진주
出発 しゅっ・ばつ 슛・빠쓰 (출발)	**首尾** しゅ・び 슈・비 (잘 되었음, 안성마춤)
出世(しゅっせ・슛세) 출세 出馬(しゅつば・슈쓰바) 출마 発達(はったつ・핫따쓰) 발달 発表(はっぴょう・핫뾰오) 발표	首席(しゅせき・슈세끼) 수석 首都(しゅと・슈도) 수도 尻尾(しっぽ・싯뽀) 꼬리 末尾(まつび・마쓰비) 말미

さ行

<ruby>順<rt>じゅん</rt></ruby> <ruby>繰<rt>ぐ</rt></ruby> り （차례로） 줄 구 리	<ruby>巡<rt>じゅん</rt></ruby> <ruby>査<rt>さ</rt></ruby> （순경） 쥰 사
順序(じゅんじょ・쥰죠) 순서 従順(じゅうじゅん・쥬우쥰) 종순 繰上げ(くりあげ・구리아게) 앞당김 繰返し(くりかえし・구리까에시) 되풀이	巡回(じゅんかい・쥰까이) 순회 順番(じゅんばん・쥰방) 순번 査閲(さえつ・사에쓰) 사열 調査(ちょうさ・죠오사) 조사
<ruby>瞬<rt>しゅん</rt></ruby> <ruby>時<rt>じ</rt></ruby> （순간） 순 지	<ruby>仕<rt>し</rt></ruby> <ruby>様<rt>よう</rt></ruby> （방도, 시 요오 도리）
瞬間(しゅんかん・슌깡) 순간 瞬足(しゅんそく・슌소꾸) 순식간 時間(じかん・지깡) 시간 時日(じじつ・지지쓰) 시일	仕立て(したて・시다데) 바느질 仕手(して・시떼) 할 사람 様相(ようそう・요오소오) 양상 様態(ようたい・요오다이) 모습
<ruby>正<rt>しょう</rt></ruby> <ruby>気<rt>き</rt></ruby> （제정신） 쇼오 끼	<ruby>定<rt>じょう</rt></ruby> <ruby>規<rt>ぎ</rt></ruby> （자） 죠오 기
正体(しょうたい・쇼오따이) 정체 正確(せいかく・세이까꾸) 정확 気配り(きくばり・기구바리) 신경을 씀 狂気(きょうき・교오끼) 광기	定石(じょうせき・죠오세끼) 정석 定食(ていしょく・데이쇼꾸) 정식 規則(きそく・기소꾸) 규칙 規定(きてい・기떼이) 규정

さ行

上 戸 (술꾼, 모주) じょう ご 죠오 고	笑 止 (가소롭다) しょう し 쇼오 시
上級(じょうきゅう·죠오뀨우) 상급 上向(じょうこう·죠오꼬오) 상향 戸外(こがい·고가이) 문 밖 戸籍(こせき·고세끼) 호적	談笑(だんしょう·단쇼오) 담소 微笑(びしょう·비쇼오) 미소 中止(ちゅうし·쥬우시) 중지 停止(ていし·데이시) 정지
少 少 (다소, 약간) しょう しょう 쇼오 쇼오	上 手 (잘하다, 솜씨있다) じょう ず 죠오 즈
少女(しょうじょ·쇼오죠) 소녀 少数(しょうすう·쇼오스우) 소수 少年(しょうねん·쇼오넹) 소년 多少(たしょう·다쇼오) 다소	上程(じょうてい·죠오떼이) 상정 上部(じょうぶ·죠오부) 상부 手飼い(てがい·데가이) 손수 기름 手鏡(てかがみ·데가가미) 손거울
上 達 (익숙해짐) じょう たつ 죠오 따쓰	冗 談 (농담) じょう だん 죠오 당
上体(じょうたい·죠오따이) 상체 以上(いじょう·이죠오) 이상 達人(たつじん·다쓰징) 달인 達弁(たつべん·다쓰벵) 달변	冗官(じょうかん·죠오깡) 필요없는 관직 冗漫(じょうまん·죠오망) 장황함 談話(だんわ·당와) 담화 講談(こうだん·고오당) 강담

さ行

承 知 (승낙, 동의) 쇼오 찌	上 等 (품질이 우수함) 죠오 또오
承諾(しょうだく・쇼오다꾸) 승락 継承(けいしょう・게이쇼오) 계승 知性(ちせい・지세이) 지성 通知(つうち・쓰우찌) 통지	上院(じょういん・죠오잉) 상원 上演(じょうえん・죠오엥) 상연 等分(とうぶん・도오붕) 등분 均等(きんとう・긴또오) 균등
性 根 (심보, 근성) 쇼오 네	商 売 (장사) 쇼오 바이
根性(こんじょう・곤죠오) 근성 性質(せいしつ・세이시쓰) 성질 根元(ねもと・네모도) 뿌리께 大根(だいこん・다이꽁) 무	商談(しょうだん・쇼오당) 상담 商人(しょうにん・쇼오닝) 상인 売店(ばいてん・바이뗑) 매점 販売(はんばい・한바이) 판매
上 品 (품위가 있음) 죠오 힝	丈 夫 (튼튼함) 죠오 부
上官(じょうかん・죠오깡) 상관 上下(じょうげ・죠오게) 상하 品行(ひんこう・힝꼬오) 품행 品質(ひんしつ・힌시쓰) 품질	頑丈(がんじょう・간죠오) 튼튼함 大丈夫(だいじょうぶ・다이죠오부) 문제 없다 夫君(ふくん・후꿍) 부군 夫人(ふじん・후징) 부인

さ行

成 仏 (죽음, 사망) じょう ぶつ 죠오 부쓰	正 味 (정미, 알맹이) しょう み 쇼오 미
成就(じょうじゅ・죠오쥬) 성취 成算(せいさん・세이상) 성산 仏法(ぶっぽう・붓뽀오) 불법 大仏(だいぶつ・다이부쓰) 대불	正直(しょうじき・쇼오지끼) 정직 正当(せいとう・세이또오) 정당 味気(あじけ・아지께) 맛 気味(きみ・기미) 기미
正 銘 (진짜) しょう めい 쇼오 메이	上 宿 (고급여관) じょう やど 죠오 야도
正面(しょうめん・쇼오멩) 정면 正常(せいじょう・세이죠오) 정상 銘記(めいき・메이끼) 명기 感銘(かんめい・간메이) 감명	上陸(じょうりく・죠오리꾸) 상륙 上流(じょうりゅう・죠오류우) 상류 常宿(じょうやど・죠오야도) 단골여관 宿泊(しゅくはく・슈꾸하꾸) 숙박
常 連 (단골손님) じょう れん 죠오 렝	所 業 (소행) しょ ぎょう 쇼 교오
常識(じょうしき・죠오시끼) 상식 日常(にちじょう・니찌죠오) 일상 連載(れんさい・렌사이) 연재 連中(れんちゅう・렌쥬우) 동아리	所在(しょざい・쇼자이) 소재 所産(しょさん・쇼상) 소산 業務(ぎょうむ・교오무) 업무 営業(えいぎょう・에이교오) 영업

さ行

食 物 (음식물) しょく もつ 쇼꾸 모쓰	如 才 (빈틈, じょ さい 소홀) 죠 사이
食事(しょくじ・쇼꾸지) 식사 食卓(しょくたく・쇼꾸따꾸) 식탁 穀物(こくもつ・고꾸모쓰) 곡물 食べ物(たべもの・다베모노) 음식물	如雨露(じょうろ・죠오로) 물뿌리개 欠如(けつじょ・게쓰죠) 결여 才気(さいき・사이끼) 재기 才略(さいりゃく・사이랴꾸) 재략
所 詮 (어차피) しょ せん 쇼 셍	所 帯 (세대, しょ たい 가구) 쇼 따이
所感(しょかん・쇼깡) 소감 所期(しょき・쇼끼) 소기 詮衡(せんこう・셍꼬오) 전형 詮索(せんさく・센사꾸) 탐색	所管(しょかん・쇼깡) 소관 所信(しょしん・쇼싱) 소신 帯状(たいじょう・다이죠오) 띠모양 熱帯(ねったい・넷따이) 열대
女 中 (일하는 じょ ちゅう 여자) 죠 쮸우	書 物 (책, 도서) しょ もつ 쇼 모쓰
女神(じょしん・죠싱) 여신 処女(しょじょ・쇼죠) 처녀 中学(ちゅうがく・쮸우가꾸) 중학 中止(ちゅうし・쮸우시) 중지	書籍(しょせき・쇼세끼) 서적 書面(しょめん・쇼멩) 서면 作物(さくもつ・사꾸모쓰) 작물 物証(ぶっしょう・붓쇼오) 물증

さ行

知合い しり あ い 시리 아 이 (아는 사람)	**尻目** しり め 시리 메 (곁눈질)
知り人(しりひと・시리비도) 아는 사람 知事(ちじ・지지) 지사 合図(あいず・아이즈) 신호 合間(あいま・아이마) 짬	尻込み(しにごみ・시리고미) 뒷걸음질 尻拭い(しりぬぐい・시리누구이) 뒷 치닥거리 目覚め(めざめ・메자메) 눈뜸
素人 しろ うと 시로 우도 (풋내기, 아마츄어)	**代物** しろ もの 시로 모노 (상품, 물건)
素早く(すばやく・스바야꾸) 재빨리 素材(そざい・소자이) 소재 人工(じんこう・징꼬오) 인공 人材(じんざい・진자이) 인재	代打(だいだ・다이다) 대타 代理(だいり・다이리) 대리 物品(ぶっぴん・붓삥) 물품 穀物(こくもつ・고꾸모쓰) 곡물
仕業 し わざ 시 와자 (처사)	**心外** しん がい 싱 가이 (의외, 뜻밖)
仕打ち(しうち・시우찌) 처사 仕返し(しかえし・시까에시) 보복 神業(かみわざ・가미 와자) 신기 　　(神技) 業務(ぎょうむ・교오무) 업무	心境(しんきょう・싱꾜오) 심경 心理(しんり・신리) 심리 外交(がいこう・가이꼬오) 외교 外国(がいこく・가이꼬꾸) 외국

さ行

しん けん **真 剣** (진실, 싱 껭 진지함)	じん じょう **尋 常** (보통, 진 죠오 평범)
真意(しんい・싱이) 참뜻 写真(しゃしん・샤싱) 사진 剣術(けんじゅつ・겐쥬쓰) 검술 木剣(ぼくけん・봇껭) 목검	尋問(じんもん・진몽) 심문 尋ね人(たずねびと・다즈네비도) 　　　찾는 사람 常設(じょうせつ・죠오세쓰) 상설 常備(じょうび・죠오비) 상비
しん じん **信 心** (종교심, 싱 징 신앙심)	しん ちゅう **心 中** (정사) 싱 쥬우
信用(しんよう・싱요오) 신용 迷信(めいしん・메이싱) 미신 心像(しんぞう・싱조오) 심상 心臓(しんぞう・싱조오) 심장	心身(しんしん・신싱) 심신 心痛(しんつう・신쑤우) 심통 中止(ちゅうし・쥬우시) 중지 中心(ちゅうしん・쥬우싱) 중심
しん ちょう **新 調** (새로 맞춤) 싱 쬬오	しん ばい **心 配** (근심, 싱 빠이 걱정)
新鮮(しんせん・신셍) 신선 新年(しんねん・신넹) 신년 調書(ちょうしょ・죠오쇼) 조서 調整(ちょうせい・죠오세이) 조정	心情(しんじょう・신죠오) 심정 心証(しんしょう・신쇼오) 심증 配所(はいしょ・하이쇼) 유배된 곳 配水(はいすい・하이스이) 배수

さ行

辛 抱 (인내, しん ぼう 참음) 신 보오	**新 米** (신참, しん まい 풋내기) 신 마이
辛酸(しんさん・신상) 고초 臥辛(がしん・가싱) 누워서 고생함 抱合(ほうごう・호오고오) 포옹 介抱(かいほう・가이호오) 병구완	新生(しんせい・신세이) 신생 新雪(しんせつ・신세쓰) 첫눈 玄米(げんまい・겐마이) 현미 米国(べいこく・베이꼬꾸) 미국
神 妙 (다소곳함) しん みょう 신 묘오	**親 類** (친척, しん るい 일가) 신 루이
神話(しんわ・싱와) 신화 精神(せいしん・세이싱) 정신 妙味(みょうみ・묘오미) 묘미 微妙(びみょう・비묘오) 미묘	親切(しんせつ・신세쓰) 친절 親友(しんゆう・싱유우) 친구 類似(るいじ・루이지) 유사 書類(しょるい・쇼루이) 서류
素 足 (맨발) す あし 스 아시	**水 瓜** (수박) すい か 스이 까
素肌(すはだ・스하다) 맨살 元素(げんそ・겐소) 원소 足代(あしだい・아시다이) 교통비 土足(どそく・도소꾸) 흙묻은 발	水仙(すいせん・스이셍) 수선 香水(こうずい・고오즈이) 향수 水準(すいじゅん・스이중) 수준 胡瓜(きゅうり・규우리) 오이

さ行

酔 狂 (색다른 것 스이 교오 을 좋아함)	**随 所** (도처) 즈이 쇼
酔客(すいきゃく・스이꺄꾸) 취객 泥酔(でいすい・데이스이) 곤드레 狂喜(きょうき・교오끼) 아주 기뻐함 狂犬(きょうけん・교오껜) 광견	随一(ずいいち・즈이이찌) 제일 随員(ずいいん・즈이잉) 수행원 所管(しょかん・쇼깡) 소관 当所(とうしょ・도오쇼) 이곳
随 分 (어지간히) 즈이 붕	**推 量** (짐작, 스이 료오 추량)
随時(ずいじ・즈이지) 수시 随筆(ずいひつ・즈이히쓰) 수필 分散(ぶんさん・분상) 분산 分別(ぶんべつ・분베쓰) 분별	推進(すいしん・스이싱) 추진 推定(すいてい・스이떼이) 추정 量的(りょうてき・료오떼끼) 양적 分量(ぶんりょう・분료오) 분량
数 奇 (기구함) 스우 끼	**図 体** (덩치) 즈우 따이
数字(すうじ・스우지) 숫자 数年(すうねん・스우넹) 여러 해 奇人(きじん・기징) 기인 奇妙(きみょう・기묘오) 기묘	図画(ずが・즈가) 도화 図解(ずかい・즈까이) 도해 体格(たいかく・다이까꾸) 체격 体系(たいけい・다이께이) 체계

さ行

末 すえ **末** ずえ (끝끝내) 스에 즈에	**姿** すがた **見** み (큰 거울) 스가다 미
末っ子(すえっこ・스엣꼬) 막내 世の末(よのすえ・요노스에) 후세 場末(ばずえ・바즈에) 변두리 月末(げつまつ・게쓰마쓰) 월말	姿勢(しせい・시세이) 자세 勇姿(ゆうし・유우시) 씩씩한 모습 見返し(みかえし・미까에시) 뒤돌아봄 見比べ(みくらべ・미꾸라베) 비교해봄
少 すく **な** **目** め (약간 적을 스꾸 나 메 정도)	**寿** す **司** し (초밥, 스 시 김밥)
少しく(すこしく・스꼬시꾸) 약간 少女(しょうじょ・쇼오죠) 소녀 目眩み(めくらみ・메꾸라미) 현기증 目敏い(めざとい・메자또이) 재빠르다	寿命(じゅみょう・쥬묘오) 수명 天寿(てんじゅ・덴쥬) 천수 司直(しちょく・시쬬꾸) 사직 司法(しほう・시호오) 사법
筋 すじ **道** みち (줄거리, 스지 미찌 절차)	**素** す **性** じょう (신분, 스 죠오 혈통)
筋合い(すじあい・스지아이) 근거 筋肉(きんにく・긴니꾸) 근육 道筋(みちすじ・미찌스지) 코스 道場(どうじょう・도오죠오) 도장	素顔(すがお・스가오) 맨얼굴 素描(すがき・스가끼) 소묘(데셍) 性急(せっかち・셋까지) 성급함 気性(きしょう・기쇼오) 성깔

さ行

素 手 (맨손) 스 데	素 敵 (기막힘, 스 데끼 훌륭함)
素踊り(すおどり・스오도리) 맨몸춤 要素(ようそ・요오소) 요소 手探り(てさぐり・데사구리) 더듬다 手術(しゅじゅつ・슈쥬쓰) 수술	素通り(すとおり・스도오리) 지나쳐감 素裸(すはだか・스하다까) 알몸 敵将(てきしょう・데끼쇼오) 적장 天敵(てんてき・덴떼끼) 천적
素 直 (순진함, 스 나오 유순함)	捨て鉢 (자포자기) 스 떼 바찌
素行(そこう・소꼬오) 소행 素養(そよう・소요오) 소양 直前(ちょくぜん・죠꾸젱) 직전 正直(しょうじき・쇼오지끼) 정직	捨て金(すてがね・스데가네) 헛된 투자 捨て子(すてご・스데고) 버려진 아이 鉢植え(はちうえ・하찌우에) 화분에 심음 鉢物(はちもの・하찌모노) 화분에 심 은 것
素早く (재빨리) 스 바야 꾸	図太い (뻔뻔하다) 즈 부또 이
素寒貧(すかんぴん・스깐빙) 빈털 터리 水素(すいそ・스이소) 수소 早死に(はやじに・하야지니) 요절 早春(そうしゅん・소오슌) 이른봄	図柄(ずがら・즈가라) 도안 図表(ずひょう・즈효오) 도표 太っ腹(ふとっぱら・후돗빠라) 배짱 太股(ふとまた・호도마다) 허벅지

さ行

図 星 (핵심, 정통) ず ほし 즈 보시	**相 撲** (씨름) す もう 스 모오
図面(ずめん·즈멩) 도면 指図(さしず·사시즈) 지시 星明り(ほしあかり·호시아까리) 별빛 星群(せいぐん·세이궁) 성군	相撲取り(すもとり·스모오도리) 씨름꾼 腕相撲(うてすもう·우데스모오) 팔씨름 相剋(そうこく·소오꼬꾸) 상극 撲滅(ぼくめつ·보꾸메쓰) 박멸
寸 前 (직전, すん ぜん 바로 앞) 슨 젱	**寸 分** (조금, すん ぶん 극소) 슨 붕
寸刻(すんこく·승꼬꾸) 촌각 寸鉄(すんてつ·슨떼쓰) 촌철 前職(ぜんしょく·젠쇼꾸) 전직 前進(ぜんしん·젠싱) 전진	寸志(すんし·슨시) 촌지 寸評(すんぴょう·슨뾰오) 촌평 分陰(ふんいん·훙잉) 촌음 分科(ぶんか·붕까) 분과
寸 法 (칫수, すん ほう 사이즈) 슨 뽀오	**精 一 杯** (힘껏) せい いっ ばい 세이 잇 빠이
寸陰(すんいん·승잉) 촌음 寸暇(すんか·승까) 짧은 사이 法外(ほうがい·호오가이) 터무니 없음 法定(ほうてい·호오떼이) 법정	精神(せいしん·세이싱) 정신 精米(せいまい·세이마이) 정미 一杯(いっぱい·잇빠이) 한 잔 乾杯(かんぱい·간빠이) 건배

108

さ行

贅 沢 (사치, 낭비) ぜい たく 제이 따꾸	関 の 山 (최대한도, 고작) せき の やま 세끼 노 야마
贅肉(ぜいにく・제이니꾸) 군살 沢庵(たくあん・다꾸앙) 단무지 沢山(たくさん・닥상) 많음 光沢(こうたく・고오따꾸) 광택	関所(せきしょ・세끼쇼) 관문, 난관 関係(かんけい・강께이) 관계 山奥(やまおく・야마오꾸) 산 속 山手(やまて・야마떼) 산쪽
世 間 (세상) せ けん 세 껭	背 丈 (키, 신장) せ たけ 세 다께
世界(せかい・세까이) 세계 世話(せわ・세와) 보살핌 間食(かんしょく・간쇼꾸) 간식 空間(くうかん・구우깡) 공간	背筋(せすじ・세스지) 등골 背景(はいけい・하이께이) 배경 身の丈(みのたけ・미노다께) 키 丈夫(じょうぶ・죠오부) 튼튼함
折 角 (모처럼) せっ かく 셋 까꾸	刹 那 (찰나, 순간) せつ な 세쓰 나
折線(せっせん・셋셍) 접선 屈折(くっせつ・굿세쓰) 굴절 角膜(かくまく・가꾸마꾸) 각막 三角(さんかく・상까꾸) 삼각	寺刹(じせつ・지세쓰) 사찰 羅刹(らせつ・라세쓰) 나찰 旦那(だんな・단나) 나리, 주인어른 支那(しな・시나) 중국

さ行

せっ ば 切 羽 (궁지에 몰 셋 빠 림,다급함)	せ なか 背 中 (등, 잔등) 세 나까
切開(せっかい・셋까이) 절개 切歯(せっし・셋시) 이를 갈다 羽根(はね・하네) 날개 二羽(にわ・니와) 두 마리	背後(はいご・하이고) 배후 背任(はいにん・하이닝) 배임 中心(ちゅうしん・쥬우싱) 중심 的中(てきちゅう・데끼쮸우) 적중
ぜ ひ 是 非 (반드시, 제 히 꼭)	せ びろ 背 広 (양복) 세 비로
是認(ぜにん・제닝) 시인 国是(こくぜ・고꾸제) 국시 非情(ひじょう・히죠오) 비정 非凡(ひぼん・히봉) 비범	背伸び(せのび・세노비) 발돋음 背景(はいけい・하이께이) 배경 広野(ひろの・히로노) 넓은 들판 広場(ひろば・히로바) 광장
せり ふ 台 詞 (대사, 세리 후 주장)	せ わ 世 話 (시중, 세 와 보살핌)
台無し(だいなし・다이나시) 엉망 灯台(とうだい・도오다이) 등대 歌詞(かし・가시) 가사 作詞(さくし・사꾸시) 작사	後世(こうせい・고오세이) 후세 世間体(せけんてい・세껜떼이) 체면, 이목 話し方(はなしかた・하나시까따) 말하는 법 説話(せつわ・세쓰와) 설화

さ行

せん こう **線 香** (향) 셍 꼬오	せん じつ **先 日** (전날) 셍 지쓰
線路(せんろ·센로) 선로 直線(ちょくせん·죠꾸셍) 직선 芳香(ほうこう·호오꼬오) 향기로운 　　냄새 粉香(ふんこう·훙꼬오) 분냄새	先導(せんどう·센도오) 선도 率先(そっせん·솟셍) 솔선 前日(ぜんじつ·젠지쓰) 전날 月日(つきひ·쓰끼히) 세월
せん しょく **染 色** (염색) 셍 쇼꾸	せん すい **泉 水** (뜰에 만든 셍 스이 연못)
染織(せんしょく·센쇼꾸) 염직 伝染(でんせん·덴셍) 전염 気色(きしょく·기쇼꾸) 기색 好色(こうしょく·고오쇼꾸) 호색	泉下(せんか·셍까) 저승 温泉(おんせん·온셍) 온천 水泳(すいえい·스이에이) 수영 水平(すいへい·스이헤이) 수평
せん とう **銭 湯** (공중목욕탕) 셍 또오	せん めん **洗 面** (세수) 셍 멩
釣銭(つりせん·쓰리셍) 거스름돈 小銭(こぜに·고제니) 푼돈 熱湯(あつゆ·아쓰유) 뜨거운 물	洗剤(せんざい·센사이) 세제 洗練(せんれん·센렝) 세련 面識(めんしき·멘시끼) 면식 面倒(めんどう·멘도오) 귀찮음

さ行

憎 そう 조오	**悪** お 오	(증오)	**雑** ぞう 조오	**巾** きん 낑	(걸레)

憎しみ(にくしみ・니꾸시미) 미움 雑人(ぞうにん・조오닝) 천한 사람

愛憎(あいぞう・아이조오) 애증 混雑(こんざつ・곤자쓰) 혼잡

悪寒(あかん・오깡) 오한 巾着(きんちゃく・긴쨔꾸) 염낭

嫌悪(けんお・겡오) 혐오 頭巾(ずきん・즈낑) 두건

相 そう 소오	**好** ごう 고오	(얼굴표정)	**雑** ぞう 조오	**言** ごん 공	(욕지거리)

相続(そうぞく・소오조꾸) 상속 雑木(ぞうき・조오끼) 잡목

相談(そうだん・소오당) 상담 雑用(ぞうよう・조오요오) 잡용

好意(こうい・고오이) 호의 一言(いちごん・이찌공) 한 마디

恰好(かっこう・갓꼬오) 모양 言動(げんどう・겐도오) 언동

造 ぞう 조오	**作** さ 사	(번거로움, 귀찮음)	**増** ぞう 조오	**長** ちょう 쬬오	(뻔뻔해짐)

造成(ぞうせい・조오세이) 조성 増員(ぞういん・조오잉) 증원

造林(ぞうりん・조오링) 조림 増加(ぞうか・조오까) 증가

動作(どうさ・도오사) 동작 長寿(ちょうじゅ・쬬오쥬) 장수

作品(さくひん・사꾸힝) 작품 班長(はんちょう・한쬬오) 반장

さ行

草 履 ぞう り （짚신, 샌들） 조오 리	**即 座** そく ざ （당장, 즉시） 소꾸 자
草原(そうげん・소오겡) 초원 枯草(かれくさ・가레구사) 시든 풀 履修(りしゅう・리슈우) 이수 履歴(りれき・리레끼) 이력	即位(そくい・소꾸이) 즉위 即日(そくじつ・소꾸지쓰) 그날로 座談(ざだん・자당) 좌담 講座(こうざ・고오자) 강좌
底 意 地 そこ い じ （근성） 소꼬 이 지	**疎 忽** そ こつ （소홀, 경솔） 소 꼬쓰
どん底(どんそこ・돈조꼬) 구렁텅이 底辺(ていへん・데이헹) 저변 意外(いがい・이가이) 의외 意志(いし・이시) 의지	疎遠(そえん・소엥) 소원 疎開(そかい・소까이) 소개 忽然(こつぜん・고쓰젱) 갑자기 疎忽屋(そこつや・소꼬쓰야) 덜렁이
祖 先 そ せん （조상） 소 셍	**底 抜 け** そこ ぬ け （얼간이） 소꼬 누 께
祖国(そこく・소꼬꾸) 조국 祖父(そふ・소후) 조부 先任(せんにん・센닝) 선임 先鋒(せんぽう・센뽀오) 선봉	底力(そこちから・소꼬지까라) 저력 底値(そこね・소꼬네) 바닥시세 抜け殻(ぬけがら・누께가라) 빈껍질 抜本(ばっぽん・밧뽕) 발본

さ行

<ruby>粗<rt>そ</rt></ruby> <ruby>相<rt>そう</rt></ruby> (실수) 소　　소오	<ruby>袖<rt>そで</rt></ruby> <ruby>無<rt>な</rt></ruby> し (소매없는 소데　나　시　옷)
粗暴(そぼう·소보오) 난폭함 粗密(そみつ·소미쓰) 조밀 相互(そうご·소오고) 상호 相当(そうとう·소오또오) 상당	袖裏(そでうら·소데우라) 소매안감 袖口(そでくち·소데구찌) 소맷부리 無常(むじょう·무죠오) 무상 無能(むのう·무노오) 무능
<ruby>外<rt>そと</rt></ruby> <ruby>側<rt>がわ</rt></ruby> (바깥쪽) 소도　　가와	<ruby>粗<rt>そ</rt></ruby> <ruby>末<rt>まつ</rt></ruby> (보잘것 소　　마쓰　없음)
外見(そとみ·소도미) 겉보기 外来(がいらい·가이라이) 외래 右側(みぎがわ·미기가와) 오른쪽 側面(そくめん·소꾸멩) 측면	粗雑(そざつ·소자쓰) 조잡 粗品(そひん·소힝) 거친 물건 末期(まっき·맛끼) 말기 年末(ねんまつ·넨마쓰) 연말
<ruby>空<rt>そら</rt></ruby> <ruby>言<rt>ごと</rt></ruby> (헛소리) 소라　　고도	<ruby>空<rt>そら</rt></ruby> <ruby>頼<rt>だの</rt></ruby> み (헛기대) 소라　다노　미
空色(そらいろ·소라이로) 하늘빛 空模様(そらもよう·소라모요오) 날씨 一人言(ひとりごと·히도리고도) 혼잣말 言論(げんろん·겐롱) 언론	空覚え(そらおぼえ·소라오보에) 암기 空前(くうぜん·구우젱) 공전 頼み込み(たのみこみ·다노미꼬미) 부탁 依頼(いらい·이라이) 의뢰

さ行

そら に **空 似** (얼굴이 소라 니 닮았음)	そろ ばん **算 盤** (주판) 소로 방
空耳(そらみみ·소라미미) 헛들음 夜空(よぞら·요조라) 밤하늘 真似(まね·마네) 흉내 相似(そうじ·소오지) 상사	算出(さんしゅつ·산슈쓰) 산출 算段(さんだん·산당) 변통 盤石(ばんじゃく·반쟈꾸) 반석 基盤(きばん·기방) 기반
ぞん がい **存 外** (뜻밖, 존 가이 의외)	ぞん じ **存 知** (알고 있음) 존 지
存立(ぞんりつ·손리쓰) 존립 共存(きょうぞん·교오송) 공존 外遊(がいゆう·가이유우) 외유 例外(れいがい·레이가이) 예외	存在(そんざい·손자이) 존재 実存(じつぞん·지쓰종) 실존 知識(ちしき·지시끼) 지식 未知(みち·미찌) 미지
そん だい **尊 大** (거만함, 손 다이 건방짐)	ぞん ぶん **存 分** (마음껏, 존 붕 마구)
尊敬(そんけい·송께이) 존경 尊重(そんちょう·손쬬오) 존중 大盗(だいとう·다이또오) 대도 大任(だいにん·다이닝) 대임	存廃(ぞんぱい·손빠이) 존폐 生存(せいぞん·세이종) 생존 分別(ぶんべつ·분베쓰) 분별 分類(ぶんるい·분루이) 분류

た行

大 儀 (수고, 다이 기 치하)	大 嫌 い (몹시 싫음) 다이 기라 이
大会(たいかい・다이까이) 대회 大学(だいがく・다이가꾸) 대학 儀式(ぎしき・기시끼) 의식 儀礼(ぎれい・기레이) 의례	大家(たいか・다이까) 대가 大将(たいしょう・다이쇼오) 대장 嫌気(いやき・이야끼) 싫증 嫌疑(けんぎ・겡기) 혐의
大 工 (목수) 다이 꾸	退 屈 (지루함, 다이 꾸쓰 무료함)
大使(たいし・다이시) 대사 大昔(おおむかし・오오무까시) 아 주 옛날 工夫(くふう・구후우) 연구 工学(こうがく・고오가꾸) 공학	退却(たいきゃく・다이꺄꾸) 퇴각 早退(そうたい・소오따이) 조퇴 屈伸(くっしん・굿싱) 굴신 屈辱(くつじょく・구쓰죠꾸) 굴욕
太 鼓 (북) 다이 꼬	大 根 (무) 다이 꽁
太鼓腹(たいこばら・다이꼬바라) 튀어나온 배 太陰(たいいん・다이잉) 태음 鼓取(こしゅ・고슈) 고취 鼓膜(こまく・고마꾸) 고막	大砲(たいほう・다이호오) 대포 大任(たいにん・다이닝) 대임 根絶(こんぜつ・곤제쓰) 근절 根底(こんてい・곤떼이) 근저

た行

<ruby>大<rt>だい</rt></ruby> <ruby>事<rt>じ</rt></ruby> (중요, 다이 지 소중함)	<ruby>大<rt>だい</rt></ruby> <ruby>丈<rt>じょう</rt></ruby> <ruby>夫<rt>ぶ</rt></ruby> (염려없다) 다이 죠오 부
大差(たいさ・다이사) 큰 차 大志(たいし・다이시) 큰 뜻 事務(じむ・지무) 사무 事毎(ことごと・고도고또) 매사에	大胆(たいたん・다이땅) 대담 大農(たいのう・다이노오) 대농 身の丈(みのたけ・미노다께) 키 夫婦(ふうふ・후우후) 부부
<ruby>大<rt>だい</rt></ruby> <ruby>臣<rt>じん</rt></ruby> (장관, 다이 징 대신)	<ruby>大<rt>だい</rt></ruby> <ruby>好<rt>す</rt></ruby> き (매우 다이 스 끼 좋아함)
大軍(たいぐん・다이궁) 대군 大衆(たいしゅう・다이슈우) 대중 臣下(しんか・싱까) 신하 臣民(しんみん・신밍) 신민	大道(たいどう・다이도오) 대도 大望(たいぼう・다이보오) 대망 好き嫌い(すききらい・스끼기라이) 좋고 싫음 好き好み(すきこのみ・스끼고노미) 기호
<ruby>大<rt>たい</rt></ruby> <ruby>切<rt>せつ</rt></ruby> (중요함) 다이 세쓰	<ruby>大<rt>たい</rt></ruby> <ruby>層<rt>そう</rt></ruby> (매우, 다이 소오 대단히)
大小(たいしょう・다이쇼오) 대소 大風(たいふう・다이후우) 대풍 切腹(せっぷく・셋뿌꾸) 자결 親切(しんせつ・신세쓰) 친절	大隊(たいたい・다이따이) 대대 大破(たいは・다이하) 대파 層雲(そううん・소오웅) 안개구름 断層(だんそう・단소오) 단층

た行

たい てい 大 抵 (대개, 다이 떼이 대부분)	だい ところ 台 所 (부엌, 다이 도꼬로 주방)
大金(たいきん・다이낑) 큰 돈 大臣(だいじん・다이징) 장관 抵抗(ていこう・데이꼬오) 저항 抵触(ていしょく・데이쇼꾸) 저촉	台数(だいすう・다이스우) 대수 灯台(とうだい・도오다이) 등대 所任(しょにん・쇼닝) 소임 所望(しょもう・쇼모오) 소망
たい はん 大 半 (태반, 다이 항 대부분)	だい ぶん 大 分 (제법, 다이 붕 상당히)
大体(たいたい・다이따이) 대체 大病(たいびょう・다이뵤오) 큰 병 半月(はんげつ・항게쓰) 반달 半身(はんしん・한싱) 반신	大戦(たいせん・다이셍) 대전 大統領(だいとうりょう・다이또오료오) 대통령 分割(ぶんかつ・붕까쓰) 분할 十分(じゅうぶん・쥬우붕) 충분
たい へん 大 変 (큰 일) 다이 헹	たか ね 高 値 (비싼 값) 다까 네
大部分(たいぶぶん・다이부붕) 대부분 大陸(たいりく・다이리꾸) 대륙 変屈(へんくつ・헹꾸쓰) 괴팍함 変装(へんそう・헨소오) 변장	高跳び(たかとび・다까도비) 높이 뛰기 高嶺(たかね・다까네) 높은 봉우리 値打(ねうち・네우찌) 값어치 価値(かち・가찌) 가치

た行

沢 山 (많음, 잔뜩) たく さん 다꾸 상	他 日 (훗날) た じつ 다 지쓰
沢庵(たくあん・다꾸앙) 단무지 光沢(こうたく・고오따꾸) 광택 山峡(さんきょう・상꾜오) 산협 山荘(さんそう・산소오) 산장	他界(たかい・다까이) 타계 他人(たにん・다닝) 타인 日中(ひなか・히나까) 낮 翌日(よくじつ・요꾸지쓰) 다음날
出 抜 け (느닷없음) だし ぬ け 다시 누 께	尋 合 せ (조회) たずね あわ せ 다즈네 아와 세
出入れ(だしいれ・다시이레) 출납 出抜き(だしぬき・다시누끼) 앞지름 抜抜(ぬけぬけ・누께누께) 뻔뻔하게 間抜(まぬけ・마누께) 얼간이	尋ね人(たずねびと・다즈네비도) 찾는 사람 尋ね者(たずねもの・다즈네모노) 수배자 合口(あいくち・아이구찌) 비수
只 今 (지금, ただ いま 방금) 다다 이마	只 者 (평범한 ただ もの 사람) 다다 모노
只事(ただごと・다다고또) 보통일 只乗り(ただのり・다다노리) 무임 승차 今頃(いまごろ・이마고로) 지금쯤 昨今(さっこん・삿꽁) 작금	只奉公(ただぼうこう・다다보오꼬 오) 무료봉사 只戻り(ただもどり・다다모도리) 헛 되이 돌아옴 曲者(くせもの・구세모노) 수상한 자

た行

立往生（たちおうじょう・다찌 오오 죠오）(선 채로 꼼짝 못함)	立場（たち ば・다찌 바）(입장)	

立会い（たちあい・다찌아이）입회	立向い（たちむかい・다찌무까이）대항
立食い（たちぐい・다찌구이）서서 먹음	起立（きりつ・기리쓰）기립
往生（おうじょう・오오죠오）극락왕생	場面（ばめん・바멩）장면
往来（おうらい・오오라이）왕래	猟場（りょうば・료오바）사냥터

駄賃（だ ちん・다 찡）(심부름값)	手綱（た づな・다 즈나）(고삐)	

駄菓子（だがし・다가시）싸구려 과자	手順（てじゅん・데쥰）순서
駄駄（だだ・다다）응석	手術（しゅじゅつ・슈쥬쓰）수술
賃金（ちんきん・징낑）임금・삯	網具（つなぐ・쓰나구）배에서 쓰는 도구
家賃（やちん・야찡）집세	網渡り（つなわたり・쓰나와다리）줄타기

達者（たっ しゃ・닷 샤）(능숙함, 잘함)	建物（たて もの・다떼 모노）(건물, 건축물)	

達筆（たっぴつ・닷삐쓰）달필	建て前（たてまえ・다데마에）원칙
到達（とうたつ・도오따쓰）도달	建築（けんちく・겐찌꾸）건축
芸者（げいしゃ・게이샤）기생	持ち物（もちもの・모찌모노）소지품
弱者（よわもの・요와모노）약한 자	風物（ふうぶつ・후우부쓰）풍물

た行

炭 団 (조개탄) た どん 다 동	棚 上 げ (보류) たな あ げ 다나 아 게
炭火(すみび・스미비) 숯불 炭坑(たんこう・당꼬오) 탄갱 団合(だんごう・당고오) 단합 大団員(だいだんいん・다이당잉) 　　　대단원	棚田(たなだ・다나다) 계단식 논 戸棚(とだな・도다나) 찬장 値上げ(ねあげ・네아게) 가격인상 上京(じょうきょう・죠오꾜오) 상경
谷 間 (골짜기) たに ま 다니 마	種 切 れ (재료가 たね ぎ れ 떨어짐) 다네 기 레
谷底(たにそこ・다니소꼬) 계곡 밑 渓谷(けいこく・게이꼬꾸) 계곡 合間(あいま・아이마) 사이사이 幕合い(まくあい・마꾸아이) 막간	種下ろし(たねおろし・다네오로시) 　　　파종 種籾(たねもみ・다네모미) 볍씨 切端し(きれはし・기레하시) 자투리 切実(せつじつ・세쓰지쓰) 절실
頼 母 子 (계/契) たの も し 다노 모 시	煙 草 (담배) たば こ 다바 꼬
頼み込み(たのみこみ・다노미꼬미) 　　　신신당부 依頼(いらい・이라이) 의뢰 母上(ははうえ・하하우에) 어머님 母情(ぼじょう・보죠오) 모정	煙突(えんとつ・엔또쓰) 굴뚝 禁煙(きんえん・깅엥) 금연 草露(くさつゆ・구사쓰유) 풀이슬 若草(わかくさ・와까구사) 어린 풀

た行

<ruby>足<rt>た</rt></ruby> <ruby>袋<rt>び</rt></ruby> （일본식 다 비 버선）	<ruby>旅<rt>たび</rt></ruby> <ruby>路<rt>じ</rt></ruby> （여로, 다비 지 여행길）
足早(あしばや・아시바야) 종종걸음 駆足(かけあし・가께아시) 구보 浮袋(うきぶくろ・우끼부꾸로) 고무튜브 麻袋(あさぶくろ・아사부꾸로) 마대	旅の空(たびのそら・다비노소라) 객지 旅館(りょかん・료깡) 여관 夢路(ゆめじ・유메지) 꿈길 路上(ろじょう・로죠오) 노상
<ruby>旅<rt>たび</rt></ruby> <ruby>人<rt>びと</rt></ruby> （나그네, 다비 비또 여행자）	<ruby>多<rt>た</rt></ruby> <ruby>分<rt>ぶん</rt></ruby> （아마도, 다 붕 필경）
旅烏(たびがらす・다비가라스) 방랑자 旅行(りこう・료꼬오) 여행 人妻(ひとづま・히도즈마) 유부녀 人権(じんけん・징껜) 인권	多少(たしょう・다쇼오) 다소 多忙(たぼう・다보오) 다망 分配(ぶんぱい・분빠이) 분배 分離(ぶんり・분리) 분리
<ruby>食<rt>た</rt></ruby><ruby>べ</ruby><ruby>物<rt>もの</rt></ruby> （음식） 다 베 모노	<ruby>駄<rt>だ</rt></ruby> <ruby>法<rt>ほ</rt></ruby> <ruby>螺<rt>ら</rt></ruby> （허풍） 다 보 라
食べ滓(たべかす・다베가스) 음식 　　　　찌꺼기 食料(しょくりょう・쇼꾸료오) 식료 織物(おりもの・오리모노) 직물 物欲(ぶつよく・부쓰요꾸) 물욕	無駄骨(むだぼね・무다보네) 　　　　헛수고 法則(ほうそく・호오소꾸) 법칙 螺旋(らせん・라셍) 나사모양

た行

魂消る (기겁을 하다) たま げ る 다마 게 루	**玉子** (계란) たま ご 다마 고
肝っ魂(きもったま・기못따마) 배짱 魂魄(こんぱく・곤빠꾸) 혼백 消しゴム(けしごむ・게시고무) 지우개 消化(しょうか・쇼오까) 소화	玉垣(たまがき・다마가끼) 돌울타리 玉代(ぎょくだい・교꾸다이) 화대 双子(ふたご・후다고) 쌍둥이 迷子(まいご・마이고) 집잃은 아이
玉突き (당구) たま つ き 다마 쓰 끼	**玉葱** (양파) たま ねぎ 다마 네기
玉突き場(たまつきば・다마쓰끼바) 당구장 飴玉(あめだま・아메다마) 눈깔사탕 突き出し(つきだし・쓰끼다시) 밀어냄 突き止め(つきとめ・쓰끼도메) 밝혀냄	玉垂れ(たまたれ・다마다레) 주렴 玉砂利(たまじゃり・다마쟈리) 굵은 자갈 葱坊主(ねぎぼうず・네기보오즈) 파의 둥근 꽃
駄目 (잘못, だ め 틀리다) 다 메	**溜息** (한숨, ため いき 탄식) 다메 이끼
駄足(だそく・다소꾸) 흙발 無駄足(むだあし・무다아시) 헛수고 目盛り(めもり・메모리) 눈금 目前(もくぜん・모꾸젱) 목전	溜桶(ためおけ・다메오께) 분뇨통 塵溜(ごみため・고미다메) 쓰레기통 息切れ(いきぎれ・이끼기레) 숨이 참 息抜き(いきぬき・이끼누끼) 숨을 돌림

た行

鱈腹 たら・ふく 다라・후꾸 (배불리, 실컷)	**達磨** だる・ま 다루・마 (오뚜기)
矢鱈(やたら・야다라) 무턱대고 腹膜(ふくまく・후꾸마꾸) 복막 立腹(りっぷく・릿뿌꾸) 화를 냄	達人(たつじん・다쓰징) 달인 達成(たっせい・닷세이) 달성 摩耗(まもう・마모오) 마모 琢磨(たくま・다꾸마) 탁마
他愛 た・わい 다・와이 (제정신, 사려분별)	**短気** たん・き 당・끼 (성질이 급함)
他国(たこく・다꼬꾸) 타국 他社(たしゃ・다샤) 다른 회사 愛社心(あいしゃしん・아이샤싱) 애사심 愛読(あいどく・아이도꾸) 애독	短編(たんぺん・단뻰) 단편 短命(たんめい・단메이) 단명 気象(きしょう・기쇼오) 기상 根気(こんき・공끼) 끈기
団子 だん・ご 당・고 (경단떡)	**短所** たん・しょ 단・쇼 (결점, 약점)
団員(だんいん・당잉) 단원 団地(だんち・단찌) 단지 親子(おやこ・오야꼬) 부모와 자식 帽子(ぼうし・보오시) 모자	短刀(たんとう・단또오) 단도 長短(ちょうたん・쬬오땅) 장단 所帯(しょたい・쇼따이) 세대 所有(しょゆう・쇼유우) 소유

124

た行

段取り _{だんど} 단 도 리 (일을 진행시 키는 순서)	旦那 _{だんな} 단 나 (주인, 나리)
段階(だんかい・당까이) 단계 段違い(だんちがい・단찌가이) 현격한 차이 横取り(よことり・요꼬도리) 횡령 取材(しゅざい・슈자이) 취재	一旦(いったん・잇땅) 일단 元旦(がんたん・간땅) 설날 支那(しな・시나) 중국 刹那(せつな・세쓰나) 찰나
丹念 _{たんねん} 단 넴 (정성껏, 꼼꼼히)	反物 _{たんもの} 단 모노 (옷감)
丹誠(たんせい・단세이) 정성 牡丹(ぼたん・보당) 모란꽃 念入り(ねんいり・넹이리) 정성껏 専念(せんねん・센넹) 전념	反収(たんしゅう・단슈우) 단보당 수확량 反平(たんぴら・단삐라) 칼 果物(くだもの・구다모노) 과일 忘れ物(わすれもの・와스레모노) 분실물
近頃 _{ちかごろ} 지까 고로 (근래, 요즈음)	近道 _{ちかみち} 지까 미찌 (가까운 길)
近寄り(ちかより・지까요리) 접근 近郊(きんこう・깅꼬오) 근교 頃合(ころあい・고로아이) 제 때 此頃(このごろ・고노고로) 요즘	近付く(ちかづく・지까즈꾸) 다가감 近視(きんし・긴시) 근시 道筋(みちすじ・미찌스지) 코스 仏道(ぶつどう・부쓰도오) 불도

た行

ちく しょう **蓄 生** (개새끼, 지꾸 쇼오 짐승)	ちち うえ **父 上** (아버님) 지찌 우에
畜産(ちくさん・지꾸상) 축산 家畜(かちく・가찌꾸) 가축 生国(しょうごく・쇼오고꾸) 고향 養生(ようじょう・요오죠오) 섭생	父親(ちちおや・지찌오야) 부친 父情(ふじょう・후죠오) 부정 上層(じょうそう・죠오소오) 상층 海上(かいじょう・가이죠오) 바다 위
ち どり **千 鳥** (물새) 지 도리	ち ぶさ **乳 房** (유방) 지 부사
千切り(ちぎり・지기리) 조각 千秋(せんしゅう・센슈우) 먼 미래 小鳥(ことり・고도리) 참새・작은 새 鳥類(ちょうるい・죠오루이) 조류	乳首(ちちくび・지찌구비) 젖꼭지 牛乳(ぎゅうにゅう・규우뉴우) 우유 房房(ふさふさ・후사후사) 주렁주렁 暖房(だんぼう・단보오) 난방
ち まな こ **血 眼 こ** (혈안, 눈 지 마나 꼬 이 벌검)	ちゃ みせ **茶 店** (찻집) 쟈 미세
血潮(ちしお・지시오) 핏줄 輸血(ゆけつ・유께쓰) 수혈 眼前(がんぜん・간젱) 눈 앞 肉眼(にくがん・니꾸강) 육안	茶屋(ちゃや・쟈야) 찻집 紅茶(こうちゃ・고오쨔) 홍차 店台(みせだい・미세다이) 판매대 店頭(てんとう・덴또오) 점두

た行

茶 碗 ちゃ わん (찻종, 밥공기) 쟈 왕	**宙 返 り** ちゅう がえ り (공중제비) 쥬우 가에 리
茶道(ちゃどう・쟈도오) 다도 茶の間(ちゃのま・쟈노마) 다실 茶瓶(ちゃびん・쟈빙) 찻주전자	宙釣り(ちゅうづり・쥬우즈리) 공중 에 매달림 宇宙(うちゅう・우쮸우) 우주 返り病(かえりびょう・가에리뵤오) 병의 재발
注 進 ちゅう しん (급보, 급 히 알림) 쥬우 싱	**調 子** ちょう し (모양, 상태) 죠오 시
注意(ちゅうい・쥬우이) 주의 注油(ちゅうゆ・쥬우유) 주유 進級(しんきゅう・싱뀨우) 진급 進退(しんたい・신따이) 진퇴	調達(ちょうたつ・죠오따쓰) 조달 色調(しきちょう・시끼죠오) 색조 子孫(しそん・시손) 자손 王子(おうじ・오오지) 왕자
長 所 ちょう しょ (장점) 죠오 쇼	**帳 尻** ちょう じり (잔고) 죠오 지리
長城(ちょうじょう・죠오죠오) 장성 課長(かちょう・가죠오) 과장 所属(しょぞく・쇼쇼꾸) 소속 所見(しょけん・쇼껭) 소견	帳簿(ちょうぼ・죠오보) 장부 記帳(きちょう・기죠오) 기장 尻重(しりおも・시리오모) 동작이 굼뜸 眼尻(めじり・메지리) 눈고리

た行

ちょう だい **頂 戴** (주시오) 죠오 다이	ちょう ちん **提 灯** (초롱불) 죠오 찡
頂上(ちょうじょう・죠오죠오) 정상 絶頂(ぜっちょう・젯죠오) 절정 戴冠(たいかん・다이깡) 대관	提供(ていきょう・데이꾜오) 제공 提示(ていし・데이시) 제시 灯火(ともしび・도모시비) 등불 尾灯(びとう・비또오) 미등
ちょう ど **丁 度** (마침, 꼭) 죠오 도	ちょう ど **調 度** (가구, 집기) 죠오 도
丁半(ちょうはん・죠오항) 주사위의 　　　　 짝수와 홀수 度量(どりょう・도료오) 도량 毎度(まいど・마이도) 매번	調査(ちょうさ・죠오사) 조사 調整(ちょうせい・죠오세이) 조정 度外視(どがいし・도가이시) 도외시 制度(せいど・세이도) 제도
ちょう にん **町 人** (도시에 사 죠오 닝 　는 장사꾼)	ちょう ば **帳 場** (계산대) 죠오 바
町村(ちょうそん・죠오송) 도시와 시골 横町(よこちょう・요꼬죠오) 골목 人形(にんぎょう・닝교오) 인형 人情(にんじょう・닌죠오) 인정	帳面(ちょうめん・죠오멩) 노트 通帳(つうちょう・쓰우쬬오) 통장 現場(げんば・겐바) 현장 農場(のうじょう・노오죠오) 농장

た行

ちょう ほう 重 宝 (편리함) 죠오 호오	ちり がみ 塵 紙 (휴지) 지리 가미
重鎮(ちゅうちん・쥬우찡) 중진 重犯(じゅうはん・쥬우항) 중범 宝物(ほうぶつ・호오부쓰) 보물 宝島(たからじま・다까라지마) 보물섬	塵払い(ちりばらい・지리바라이) 먼지털이 塵界(じんかい・징까이) 속세 紙袋(かみぶくろ・가미부꾸로) 봉지 用紙(ようし・요오시) 용지
つい たて 衝 立 (칸막이) 쓰이 다데	つか ま 束 の 間 (순식간) 쓰까 노 마
衝撃(しょうげき・쇼오게끼) 충격 衝突(しょうとつ・쇼오또쓰) 충돌 立続け(たてつづけ・다데쓰즈께) 연이어 立地(りっち・릿찌) 입지	束ねる(つかねる・쓰까네루) 다발로 묶다 稲束(いなたば・이나다바) 벼묶음 間近(まちか・마지까) 임박하다 間隔(かんかく・강까꾸) 간격
つき あ 付 合 い (교제) 쓰끼 아 이	つき あた 突 当 り (충돌, 막 쓰끼 아다 리 다른 곳)
付添い(つきそい・쓰끼소이) 곁에 서 시중을 들다 付属(ふぞく・후조꾸) 부속 合乗り(あいのり・아이노리) 합승 取合い(とりあい・도리아이) 쟁탈	突上げ(つきあげ・쓰끼아게) 밀어올림 突返(つきかえし・쓰끼가에시) 되찌르다 当り障り(あたりさわり・아다리사와리) 지장 当然(とうぜん・도오젱) 당연

た行

次 次 つぎ つぎ 쓰기 쓰기 (잇달아, 차례로)	**月 毎** つき ごと 쓰끼 고도 (매달, 달마다)
次の間(つぎのま・쓰기노마) 곁방 此の次(このつぎ・고노쓰기) 다음번 次第(しだい・시다이) 차츰 目次(もくじ・모꾸지) 목차	月影(つきかげ・쓰끼가게) 달빛 月末(つきずえ・쓰끼즈에) 월말 毎毎(ことごと・고도고도) 사사건건 毎月(まいつき・마이쓰끼) 매달
月 並 つき なみ 쓰끼 나미 (평범, 흔함)	**作 り 話** つく り ばなし 쓰꾸 리 바나시 (꾸며낸 이야기)
月見(つきみ・쓰끼미) 달구경 満月(まんげつ・망게쓰) 보름달 並木(なみき・나미끼) 가로수 足並み(あしなみ・아시나미) 보조	作り上げ(つくりあげ・쓰꾸리아게) 완성 話し相手(はなしあいて・하나시아 　　　　이떼) 이야기상대 笑話(わらいばなし・와라이바나시) 　　　우수운 이야기
告 げ 口 つ げ ぐち 쓰 게 구찌 (고자질)	**漬 物** つけ もの 쓰께 모노 (야채절임)
お告げ(おつげ・오쓰게) 신불의 계시 告白(こくはく・고꾸하꾸) 고백 口止め(くちどめ・구찌도메) 입막음 口論(こうろん・고오롱) 말다툼	漬け菜(つけな・쓰께나) 채소 塩漬け(しおづけ・시오즈께) 소금절이 物差し(ものさし・모노사시) 자·척도 食べ物(たべもの・다베모노) 음식물

た行

都合 (형편, 사정) つ ごう 쓰 고오	筒抜け (그대로 つつ ぬ 쓰쓰 누 께 새어나감)
都度(つど・쓰도) 번번이 都心(としん・도싱) 도심지 合掌(がっしょう・갓쇼오) 합장 合格(ごうかく・고오까꾸) 합격	筒口(つつぐち・쓰쓰구찌) 총 끝 水筒(すいとう・스이또오) 수통 抜革(ばっすい・밧스이) 발췌 海抜(かいばつ・가이바쓰) 해발
都度 (번번이, つ ど 쓰 도 그때마다)	勤め口 (직장, つと ぐち 쓰또 메 구찌 근무처)
都合(つごう・쓰고오) 형편 都会(とかい・도까이) 도시 度外れ(どはずれ・도하즈레) 지나침 落度(おちど・오찌도) 실수	勤め先(つとめさき・쓰도메사끼) 근무처 勤務(きんむ・긴무) 근무 口答え(くちごたえ・구찌고다에) 　　말대꾸 早口(はやくち・하야구찌) 빠른 말투
爪先 (발가락 끝) つま さき 쓰마 사끼	爪切り (손톱깎기) つめ き 쓰메 끼 리
爪痕(つめあと・쓰메아도) 손톱자국 爪弾き(つまはじき・쓰마하지끼) 지탄 先触れ(さきぶれ・사끼부레) 예고 先約(せんやく・셍야꾸) 선약	爪立ち(つまだち・쓰마다찌) 발돋움 爪紅(つまべに・쓰마베니) 봉선화 切れ地(きれじ・기레지) 옷감 切実(せつじつ・세쓰지쓰) 절실

た行

面 当て つら あ 쓰라 아 떼 (비꼬는말 이나 행동)	**釣 合い** つり あ 쓰리 아 이 (균형, 조화)
面汚し (づらよごし・쓰라요고시) 체면손상 満面 (まんめん・만멩) 만면 当外れ (あてはずれ・아데하즈레) 기대 밖 当面 (とうめん・도오멩) 당면	釣具 (つりぐ・쓰리구) 낚시도구 釣舟 (つりぶね・쓰리부네) 낚싯배 合図 (あいず・아이즈) 신호 合計 (ごうけい・고오께이) 합계
鶴 嘴 つる はし 쓰루 하시 (곡괭이)	**釣 瓶** つる べ 쓰루 베 (두레박)
鶴亀 (つるかめ・쓰루가메) 학과 거북 舞鶴 (まいづる・마이즈루) 날아오르는 학 口嘴 (くちばし・구찌바시) 새의 주둥이	釣上げ (つりあげ・쓰리아게) 낚아올림 釣竿 (つりざお・쓰리자오) 낚싯대 花瓶 (かびん・가빙) 꽃병
連 合い つれ あ 쓰레 아 이 (배우자)	**出 会い** で あ 데 아 이 (만남, 마주침)
連添い (つれそい・쓰레소이) 부부가 됨 連立ち (つれだち・쓰레다찌) 동행 合憎 (あいにく・아이니꾸) 하필이면 合憲 (ごうけん・고오껭) 합헌	出入り (でいり・데이리) 출입 出口 (でぐち・데구찌) 비상구 会見 (かいけん・가이껭) 회견 会食 (かいしょく・가이쇼꾸) 회식

た行

手 当 り（닥치는 대로） て あた り 데 아따 리	手 当（수당, 처치） て あて 데 아데
手垢(てあか・데아까) 손때 手合せ(てあわせ・데아와세) 맞붙음 行き当り(ゆきあたり・유끼아따리) 　　　막다른 곳 当人(とうにん・도오닝) 당자	手提げ(てさげ・데사게) 손가방 手段(しゅだん・슈당) 수단 当て物(あてもの・아데모노) 수수 　　께끼 当選(とうせん・도오셍) 당선
手 洗 い（손을 씻음, 화장실） て あら い 데 아라 이	体 裁（됨됨이, 겉모양） てい さい 데이 사이
手下(てした・데시다) 부하 手慣れ(てなれ・데나레) 익숙함 洗い物(あらいもの・아라이모노) 　　빨랫감 洗濯(せんたく・센따꾸) 세탁	体よく(ていよく・데이요꾸) 보기좋게 体験(たいけん・다이껭) 체험 栽培(さいばい・사이바이) 재배 裁判(さいばん・사이방) 재판
亭 主（남편, 주인） てい しゅ 데이 슈	泥 酔（곤드레가 됨） でい すい 데이 스이
亭屋(ていおく・데이오꾸) 정옥 料亭(りょうてい・료오떼이) 요정 主人(しゅじん・슈징) 주인 主張(しゅちょう・슈쬬오) 주장	泥土(でいど・데이도) 진흙 雲泥(うんでい・운데이) 천양지차 酔狂(すいきょう・스이꾜오) 색다른 　　것을 좋아함

た行

丁 寧 (정중, 정성껏) てい ねい 데이 네이	**手 入 れ** (손질, 보살핌) て い れ 데 이 레
丁重(ていちょう・데이쬬오) 정중 丁稚(でっち・뎃찌) 견습소년 寧日(ねいじつ・네이지쓰) 무사한 나날 安寧(あんねい・안네이) 안녕	手初め(てはじめ・데하지메) 시초 手向い(てむかい・데무까이) 대항 入れ替え(いれかえ・이레까에) 교체 入場(にゅうじょう・뉴우쬬오) 입장
手 落 ち (실수, 잘못) て お ち 데 오 찌	**手 形** (어음) て がた 데 가따
手招き(てまねき・데마네끼) 손짓 手段(しゅだん・슈당) 수단 落葉(おちば・오찌바) 낙엽 転落(てんらく・덴라꾸) 전락	手編み(てあみ・데아미) 손으로 짠 것 手芸(しゅげい・슈게이) 수예 形無し(かたなし・가다나시) 형편 없이 됨 形式(けいしき・게이시끼) 형식
手 紙 (편지) て がみ 데 가미	**手 柄** (공로, 공훈) て がら 데 가라
手足(てあし・데아시) 수족 選手(せんしゅ・센슈) 선수 紙幣(しへい・시헤이) 지폐 用紙(ようし・요오시) 용지	手加減(てかげん・데까겡) 손어림 騎手(きしゅ・기슈) 기수 小柄(こがら・고가라) 몸집이 작음 人柄(ひとがら・히도가라) 사람됨

た行

手利き て き 데 기 끼 (수완가)	**出来事** で き ごと 데 끼 고또 (일어난 일, 사건)
手頃(てごろ·데고로) 적당함 手出し(てだし·데다시) 손을 댐 利き目(ききめ·기끼메) 효력 利発(りはつ·리하쓰) 영리함	出来立て(できたて·데끼다데) 갓 만들어진 것 出家(しゅっけ·슛께) 출가 本来(ほんらい·혼라이) 본래 仕事(しごと·시고또) 일
出来映え で き ば 데 끼 바 에 (성과, 됨됨이)	**出来る** で き 데 끼 루 (할 수 있다)
出来上り(できあがり·데끼아가리) 완성 出来心(できごころ·데끼고꼬로) 우발심 映像(えいぞう·에이조오) 영상 夕映え(ゆうばえ·유우바에) 저녁놀	出過ぎ(てすぎ·데스기) 지나침 出来物(できもの·데끼모노) 부스럼 来客(らいきゃく·라이꺄꾸) 내객 来賓(らいひん·라이힝) 내빈
手切れ て ぎ 데 기 레 (인연을 끊음)	**手際** て ぎわ 데 기와 (솜씨)
手切金(てぎれきん·데기레낑) 위자료 手足(しゅそく·슈소꾸) 수족 切り口(きりくち·기리구찌) 단면 布切れ(ぬのぎれ·누노기레) 헝겊조각	手首(てくび·데꾸미) 손목 手筋(てすじ·데스지) 손금 間際(まぎわ·마기와) 임박 水際(みずぎわ·미즈기와) 물가

た行

手管 (데 くだ 구다) (수완, 농간)	手口 (데 ぐち 구찌) (상투적인 수법)
手順(てじゅん·데쥼) 절차 平手(ひらて·히라떼) 손바닥 管轄(かんかつ·강까쓰) 관할 管理(かんり·간리) 관리	手遊び(てあそび·데아소비) 손장난 手配(てはい·데하이) 수배 口出し(くちだし·구찌다시) 말참견 口紅(くちべに·구찌베니) 루즈
手答え (데 ごた 고따 에) (반응)	手先 (데 さき 사끼) (손끝, 앞잡이)
手強い(てごわい·데고와이) 벅차다 手錠(てじょう·데죠오) 수갑 口答え(くちごたえ·구찌고다에)·말대꾸 正答(せいとう·세이또오) 정답	手相(てそう·데소오) 수상 手招き(てまねき·데마네끼) 손짓 真っ先(まっさき·맛사끼) 맨먼저 先発(せんぱつ·센빠쓰) 선발
手品 (데 じな 지나) (마술, 요술)	手摺 (데 すり 스리) (난간)
手一杯(ていっぱい·데잇빠이) 힘 에 겨움 手元(てもと·데모도) 바로 옆 品物(しなもの·시나모노) 물건 品格(ひんかく·힝까꾸) 품격	手口(てぐち·데구찌) 수법 手助け(てたすけ·데다스께) 조력 摺り足(すりあし·스리아시) 사뿐 사뿐 걸음

た行

出鱈目 (엉터리) で たら め 데 따라 메	手帳 (수첩) て ちょう 데 쬬오
貸出(たいしゅつ・다이슈쓰) 대출 鱈子(たらこ・다라꼬) 명란젓 目下(めした・메시다) 손아래 目印(めじるし・메지루시) 표시	手堅い(てがたい・데가따이) 건실함 下手(へた・헤따) 서투름 帳簿(ちょうぼ・쬬오보) 장부 蚊帳(かちょう・가쬬오) 모기장
手伝い (심부름) て つだ い 데 쓰다 이	天辺 (꼭대기, て べん 정상) 뎃 뼁
手枕(てまくら・데마꾸라) 팔베개 手まめ(てまめ・데마메) 부지런함 伝達(でんたつ・덴따쓰) 전달 伝令(でんれい・덴레이) 전령	天涯(てんがい・뎅가이) 천애 天地(てんち・덴찌) 천지 辺夷(へんい・헹이) 오랑캐
鉄砲 (소총, てっ ぼう 총포류) 뎃 뽀오	手荷物 (가벼운 짐) て に もつ 데 니 모쓰
鉄筋(てっきん・뎃낑) 출근 鉄板(てっぱん・뎃빵) 철판 砲撃(ほうげき・호오게끼) 포격 砲弾(ほうだん・호오당) 포탄	手続き(てつづき・데쓰즈끼) 수속 手ぶら(てぶら・데부라) 맨손 荷揚げ(にあげ・니아게) 하역 荷物(にもつ・니모쓰) 짐

た行

で は 出 端 (나갈 기회) 데 하	て ぬぐい 手 拭 (수건) 데 누구이
出入り(でいり・데이리) 출입 出席(しゅっせき・슛세끼) 출석 端っこ(はしっこ・하싯꼬) 한구석 木の端(きのは・기노하) 나무조각	手植え(てうえ・데우에) 손수 심음 手料理(てりょうり・데료오리) 집에 서 만든 음식 払拭(ふっしょく・훗쇼꾸) 불식
て はず 手 筈 (준비, 데 하즈 계획)	て び 手 引 き (안내, 데 비 끼 인도)
手札(てふだ・데후다) 명찰 手向い(てむかい・데무까이) 반항 着手(ちゃくしゅ・챠꾸슈) 착수	手負い(ており・데오이) 상처를 입음 手真似(てまね・데마네) 손짓 引導(いんどう・인도오) 인도 割引(わりびき・와리비끼) 할인
て ぶくろ 手 袋 (장갑) 데 부꾸로	て ほん 手 本 (모범, 데 홍 본보기)
手の裏(てのうら・데노우라) 손바닥 手短か(てみじか・데미지까) 짧게 袋小路(ふくろこうじ・후꾸로고오지) 막다른 골목 足袋(たび・다비) 버선	手洗い(てあらい・데아라이) 화장실 手記(しゅき・슈끼) 수기 本日(ほんじつ・혼지쓰) 금일・오늘 本社(ほんしゃ・혼샤) 본사

た行

手 間 (수고, 시간) 데　마	**出 迎 い** (마중, 출영) 데 무까 이
手間取る(てまどる・데마도루) 시간이 걸리다 手廻し(てまわし・데마와시) 수배 間数(まかず・마가즈) 방의 수	出歩き(であるき・데아루끼) 싸다님 出所(でどころ・데도꼬로) 출처 迎え入れ(むかえいれ・무까에이레) 맞아들임 迎え酒(むかえさけ・무까에자께) 해장술
手 練 (농간, 수완) 데　렝	**出 様** (태도, 하는 짓) 데　요오
手風(てふう・데후우) 습관 手振り(てぶり・데부리) 손짓 練兵(れんぺい・렌뻬이) 연병 練磨(れんま・렌마) 연마	出出し(でだし・데다시) 맨처음 出番(でばん・데방) 나갈 차례 様式(ようしき・요오시끼) 양식 有様(ありさま・아리사마) 모양
天 気 (날씨, 일기) 뎅　끼	**天 井** (천장) 뎅　죠오
天下(てんか・뎅까) 천하 天体(てんたい・덴따이) 천체 気長(きなが・기나가) 느긋함 勝気(かちき・가찌끼) 지지않으려 는 성질	天敵(てんてき・덴떼끼) 천적 天罰(てんばつ・덴바쓰) 천벌 井戸(いど・이도) 우물

た行

電信柱 (전선주) でん しん ばしら 덴 신 바시라	天然 (천연) てん ねん 덴 넹
電灯(でんとう・덴또오) 전등 電話(でんわ・뎅와) 전화 信号(しんごう・싱고오) 신호 柱時計(はしらどけい・하시라도께이) 벽시계	天上(てんじょう・덴죠오) 하늘 위 晴天(せいてん・세이뗑) 맑은 날씨 自然(しぜん・시젱) 자연 突然(とつぜん・도쓰젱) 갑자기
天頂 (맨꼭대기) てん ちょう 덴 죠오	天道 (태양, 햇님) てん とう 덴 또오
天賦(てんぷ・덴뿌) 천부 天祐(てんゆう・뎅유우) 천우 頂上(ちょうじょう・죠오죠오) 정상 頂点(ちょうてん・죠오뗑) 정점	天分(てんぶん・덴붕) 천분 天文(てんもん・덴몽) 천문 道徳(どうとく・도오또꾸) 도덕 道理(どうり・도오리) 도리
天秤 (저울) てん びん 덴 삥	吐息 (한숨) と いき 도 이끼
天子(てんし・덴시) 천자 天女(てんにょ・덴뇨) 천녀 秤竿(はかりざお・하까리자오) 저울대	吐血(とけつ・도께쓰) 토혈 嘔吐(おうと・오오또) 구토 息の根(いきのね・이끼노네) 숨통 溜息(ためいき・다메이끼) 한숨

た行

当 ざ 座 (그 당시, 도오 자 그 자리)	どう し 同 士 (끼리, 도오 시 동지)
当時(とうじ・도오지) 당시 当初(とうしょ・도오쇼) 당초 座席(ざせき・자세끼) 좌석 座談(ざだん・자당) 좌담	同居(どうきょ・도오꾜) 동거 同等(どうとう・도오또오) 동등 士気(しき・시끼) 사기 博士(はかせ・하까세) 박사
どう ちゅう 道 中 (여행, 도오 쮸우 여로)	とう てい 到 底 (도저히) 도오 떼이
道程(どうてい・도오떼이) 도정 道楽(どうらく・도오라꾸) 도락 中国(ちゅうごく・쮸우고꾸) 중국 中断(ちゅうだん・쮸우당) 중단	到達(とうたつ・도오따쓰) 도달 到着(とうちゃく・도오쨔꾸) 도착 底意地(そこいじ・소꼬이지) 심술 徹底(てってい・뎃떼이) 철저
とう とう 到 頭 (드디어, 도오 또오 마침내)	とう にん 当 人 (본인, 도오 닝 당사자)
到来(とうらい・도오라이) 도래 殺到(さっとう・삿또오) 쇄도 頭書(とうしょ・도오쇼) 두서 出頭(しゅっとう・슛또오) 출두	当局(とうきょく・도오꾜꾸) 당국 当代(とうだい・도오다이) 당대 人間(にんげん・닝겡) 인간 人家(じんか・징까) 인가

た行

唐 変 木 (벽창호) とう へん ぼく 도오 헨 보꾸	**遠 回 し** (넌지시, とう まわ 완곡) 도오 마와 시
唐突(とうとつ・도오또쓰) 당돌 唐手(からて・가라떼) 당수 変貌(へんぼう・헨보오) 변모 大木(たいぼく・다이보꾸) 큰 나무	遠手(とうで・도오데) 멀리 나감 遠眼鏡(とうめがね・도오메가네) 　　　　　망원경 回し者(まわしもの・마와시모노) 간첩 回数(かいすう・가이스우) 횟수
同 様 (마찬가지) どう よう 도오 요오	**当 惑** (당혹) とう わく 도오 와꾸
同感(どうかん・도오깡) 동감 協同(きょうどう・교오도오) 협동 様子(ようす・요오스) 모양 有様(ありさま・아리사마) 모양	当座(とうざ・도오자) 그 자리 見当(けんとう・겐또오) 짐작 惑星(わくせい・와꾸세이) 혹성 迷惑(めいわく・메이와꾸) 폐
土 方 (노가다, ど かた 막노동) 도 까다	**時 折** (이따금, とき おり 기끔) 도끼 오리
土管(どかん・도깡) 토관 土台(どだい・도다이) 토대 先生方(せんせいがた・센세이가다) 　　　　　선생님들 方便(ほうべん・호오벵) 방편	時時(ときどき・도끼도끼) 그때 그때 時刻(じこく・지꼬꾸) 시각 折柄(おりから・오리까라) 때마침 折角(せっかく・셋까꾸) 모처럼

た行

度 肝 (깜짝 놀라게 함) ど ぎも 도 기모	**度 胸** (배포, 배짱) ど きょう 도 꾜오
度外(どがい·도가이) 범위 밖 度忘れ(どわすれ·도와스레) 깜빡 잊음 肝っ魂(きもったま·기못따마) 배짱. 배포	度数(どすう·도스우) 돗수 年度(ねんど·넨도) 연도 胸襟(きょうきん·교오낑) 흉금 胸部(きょうぶ·교오부) 흉부
得 意 (자랑, 단골) とく い 도꾸 이	**得 心** (납득, 이해) とく しん 도꾸 싱
得意先(とくいさき·도꾸이사끼) 단골거래처 得点(とくてん·도꾸뗑) 득점 意見(いけん·이껭) 의견 意味(いみ·이미) 의미	得失(とくしつ·도꾸시쓰) 득실 得分(どくぶん·도꾸붕) 이익 心理(しんり·신리) 심리 童心(どうしん·도오싱) 동심
徳 利 (작은술병) とく り 도꾸 리	**時 計** (시계) と けい 도 께이
徳目(とくもく·도꾸모꾸) 덕목 恩徳(おんとく·온또꾸) 은덕 利害(りがい·리가이) 이해 利点(りてん·리뗑) 이점	定時(ていじ·데이지) 정시 何時(いつ·이쓰) 언제 計算(けいさん·게이상) 계산 計数(けいすう·게이스우) 계수

た行

土下座 (머리를 조아림) 도 게 자	何処 (어디, 어느곳) 도 꼬
土木(どぼく・도보꾸) 토목 庭土(にわづち・니와즈찌) 마당흙 下車(げしゃ・게샤) 하차 座中(ざちゅう・자쮸우) 좌중	何回(なんかい・낭까이) 몇 번 何辺(なんべん・난벵) 몇 번 処女(しょじょ・쇼죠) 처녀 処方(しょほう・쇼호오) 처방
所 所 (군데군데) 도꼬로 도꼬로	常 夏 (항상더움) 도꼬 나쯔
所在(しょざい・쇼자이) 소재 所定(しょてい・쇼떼이) 소정 所望(しょもう・쇼모오) 바람・희망함	無常(むじょう・무죠오) 무상・덧없음 尋常(じんじょう・진죠오) 보통 夏休み(なつやすみ・나쯔야스미) 　　　　여름휴가 盛夏(せいか・세이까) 성하・한여름
床 屋 (이발관) 도꼬 야	年 増 (30대 여인) 도시 마
寝床(ねどこ・네도꼬) 잠자리 床下(ゆかした・유까시다) 마루 밑 屋台(やたい・야다이) 포장마차 屑屋(くずや・구즈야) 넝마주이	年上(としうえ・도시우에) 연상 今年(ことし・고도시) 금년 増加(ぞうか・조오까) 증가 増産(ぞうさん・조오상) 증산

た行

年 頃 とし ごろ 도시 고로 (알맞은 나이)	**年 寄 り** とし よ り 도시 요 리 (노인)
年甲斐(としかい・도시가이) 나이값 年下(とした・도시시따) 연하 頃しも(ころしも・고로시모) 때마침 秋頃(あきごろ・아끼고로) 가을쯤	年波(としなみ・도시나미) 연륜 潤年(うるとし・우루도시) 윤년 寄り道(よりみち・요리미찌) 돌아서 가는 길 寄生(きせい・기세이) 기생
途 端 と たん 도 땅 (찰나, 순간)	**突 如** とつ じょ 도쓰 죠 (갑자기, 별안간)
途上(とじょう・도죠오) 도상 中途(ちゅうと・쥬우또) 중도 端書き(はしがき・하시가끼) 서문 突端(とったん・돗땅) 돌단	突然(とつぜん・도쓰젱) 갑자기 突入(とつにゅう・도쓰뉴우) 돌입 如才(じょさい・죠사이) 빈틈 如露(じょろ・죠로) 물뿌리개
突 飛 とっ び 돗 삐 (엉뚱함, 뜻밖임)	**突 拍 子** とっ びょう し 돗 뾰오 시 (엉뚱한, 당치않은)
突出(とっしゅつ・돗슈쓰) 돌출 突破(とっぱ・돗빠) 돌파 飛行(ひこう・히꼬오) 비행 雄飛(ゆうひ・유우히) 웅비	突撃(とつげき・도쓰게끼) 돌격 突風(とっぷう・돗뿌우) 돌풍 拍子(ひょうし・효오시) 박자 拍子抜け(ひょうしぬけ・효오시누께) 맥빠짐

た行

とどけ いで **届 出** (신고, 도도께 이데 계출)	ど て **土 手** (둑, 제방) 도 떼
届け先(とどけさき・도도께사끼) 송달처 結婚届(けっこんとどけ・겟꽁도도께) 혼인신고 日の出(ひので・히노데) 일출 出身(しゅっしん・슛싱) 출신	土地(とち・도찌) 토지 土着(どちゃく・도쨔꾸) 토착 手形(てがた・데가따) 어음 手腕(しゅわん・슈왕) 수완
と てつ **途 轍** (터무니 도 떼쓰 없는)	ど みち **何 の 道** (어차피, 도 노 미찌 결국)
途次(とじ・도지) 가는 도중 途中(とちゅう・도쮸우) 도중 前轍(ぜんてつ・젠떼쓰) 전철	何分(なにぶん・나니붕) 다소간 何奴(なにやつ・나니야쓰) 어떤 놈 道連れ(みちづれ・미찌즈레) 동행 帰り道(かえりみち・가에리미찌) 돌 아가는 길
ど はず **度 外 れ** (엄청남, 도 하즈 레 지나침)	とび き **飛 切 り** (특출남, 도비 끼 리 월등함)
度量(どりょう・도료오) 도량 幾度(いくど・이꾸도) 몇 번 町外れ(まちはずれ・마찌하즈레) 변두리 外人(がいじん・가이징) 외국인	飛込み(とびこみ・도비꼬미) 뛰어들다 飛箱(とびばこ・도비바꼬) 뜀틀 切り株(きりかぶ・기리가부) 그루터기 一切(いっさい・잇사이) 일체

146

た行

途 方 と ほう 도 호오 (방도, 할 바)	**土 間** ど ま 도 마 (헛간, 봉당)
前途(ぜんと・젠또) 앞길 壮途(そうと・소오또) 장도 方針(ほうしん・호오싱) 방침 先方(せんぽう・센뽀오) 상대방	土器(どき・도끼) 토기 土釜(どがま・도가마) 흙솥 隙間(すきま・스끼마) 틈 仲間(なかま・나까마) 동료
共 稼 ぎ とも かせ ぎ 도모 가세 기 (맞벌이)	**友 達** とも だち 도모 다찌 (친구)
共倒れ(ともだおれ・도모다오레) 함께 쓰러짐 諸共(もろとも・모로도모) 다같이 一人稼ぎ(ひとりかせぎ・히도리가세기) 혼자 벌음	友人(ゆうじん・유우징) 친구 戦友(せんゆう・셍유우) 전우 達磨(だるま・다루마) 오뚜기 上達(じょうたつ・죠오따쓰) 상달
取 柄 とり え 도리 에 (쓸모, 장점)	**取 返 し** とり かえ し 도리 까에 시 (만회)
取敢えず(とりあえず・도리아에즈) 우선 取込み(とりこみ・도리꼬미) 혼잡 折柄(おりから・오리까라) 때마침 身柄(みがら・미가라) 신병	取扱い(とりあつかい・도리아쓰까이) 취급 取消し(とりけし・도리께시) 취소 返り咲き(かえりざき・가에리사끼) 복귀 返還(へんかん・헹깡) 반환

た行

取引き (거래, 흥정) とり ひ き 도리 히 끼	泥 棒 (도둑) どろ ぼう 도로 보오
取付け(とりつけ・도리쓰께) 설치 摂取(せっしゅ・셋슈) 섭취 引受け(ひきうけ・히끼우께) 보증 引退(いんたい・인따이) 은퇴	泥足(どろあし・도로아시) 흙발 泥沼(どろぬま・도로누마) 진흙늪 棒術(ぼうじゅつ・보오쥬쓰) 봉술 棒大(ぼうだい・보오다이) 봉대
兎に角 (아무튼, 어쨌든) と に かく 도 니 까꾸	頓 着 (개의, 괘념) とん ちゃく 돈 쨔꾸
兎も角(ともかく・도모까꾸) 아무튼 兎や角(とやかく・도야까꾸) 이러쿵 저러쿵 角度(かくど・가꾸도) 각도	頓狂(とんきょう・동꾜오) 이상한 짓 頓才(とんさい・돈사이) 재치 着実(ちゃくじつ・쟈꾸지쓰) 착실 着想(ちゃくそう・쟈꾸소오) 착상
頓 馬 (얼간이) とん ま 돈 마	問 屋 (도매상) とん や 동 야
頓挫(とんざ・돈자) 좌절 頓死(とんし・돈시) 급사 馬子(まご・마고) 마부 馬術(ばじゅつ・바쥬스) 마술	問題(もんだい・몬다이) 문제 問答(もんどう・몬도오) 문답 宿屋(やどや・야도야) 여관 屋上(おくじょう・오꾸죠오) 옥상

な行

内 縁 (내연) ない えん 나이 엥	内 応 (내통) ない おう 나이 오오
内科(ないか・나이까) 내과 内心(ないしん・나이싱) 내심 縁起(えんぎ・엥기) 재수. 유래 因縁(いんねん・인넹) 인연	内外(ないがい・나이가이) 내외 内勤(ないきん・나이낑) 내근 応対(おうたい・오오따이) 응대 応分(おうぶん・오오붕) 응분
乃 至 (내지) ない し 나이 시	内 緒 (은밀, ない しょ 비밀) 나이 쇼
至急(しきゅう・시뀨우) 지급・속히 至難(しなん・시낭) 지난. 매우 어 　　려움	内助(ないじょ・나이죠) 내조 内諾(ないだく・나이다꾸) 내락 緒論(しょろん・쇼롱) 서론 一緒(いっしょ・잇쇼) 함께・더불어
内 職 (부업) ない しょく 나이 쇼꾸	内 分 (비밀, ない ぶん 은밀) 나이 붕
内戦(ないせん・나이셍) 내전 内部(ないぶ・나이부) 내부 職人(しょくにん・쇼꾸닝) 직공. 직인 退職(たいしょく・다이쇼꾸) 퇴직	内定(ないてい・나이떼이) 내정 内容(ないよう・나이요오) 내용 分散(ぶんさん・분상) 분산 分析(ぶんせき・분세끼) 분석

な行

内 密 ない みつ 나이 미쓰 (내밀, 은밀)	**尚 更** なお さら 나오 사라 (더더욱, 더한층)
内通(ないつう・나이쓰우) 내통 内紛(ないふん・나이훙) 내분 密室(みっしつ・밋시쓰) 밀실 秘密(ひみつ・히미쓰) 비밀	尚且つ(なおかつ・나오가쓰) 게다가 気尚(きしょう・기쇼오) 기상 今更(いまさら・이마사라) 새삼스리 変更(へんこう・헹꼬오) 변경
等 閑 なお ざり 나오 자리 (등한, 소홀)	**名 折 れ** な お れ 나 오 레 (불명예)
等閑(とうかん・도오깡) 등한 中等(ちゅうとう・쥬우또오) 중등 閑潰し(ひまつぶし・히마쓰부시) 　　　　　　심심풀이 閑居(かんきょ・강꾜) 한거	名前(なまえ・나마에) 이름 名簿(めいぼ・메이보) 명부 折目(おりめ・오리메) 양복 따위의 　　　　솔기
中 折 れ なか お れ 나까 오 레 (중절모)	**長 生 き** なが い き 나가 이 끼 (장수)
中継ぎ(なかつぎ・나까쓰기) 중계 中程(なかほど・나까호도) 중간쯤 折合(おりあい・오리아이) 타협 折り箱(おりばこ・오리바꼬) 도시락	長続き(ながつづき・나가쓰즈기) 오래감 長長(ながなが・나가나가) 장황하게 生き甲斐(いきがい・이 끼 가이) 　　　　사는 보람 生き物(いきもの・이끼모노) 생물

な行

長椅子 (긴 의자, 소파) ながいす 나가 이 스	仲買 (중매인, 브로커) なかがい 나까 가이
長靴(ながぐつ·나가구쓰) 장화 長考(ちょうこう·죠오꼬오) 장고 椅子(いす·이스) 의자	仲違い(なかたがい·나까다가이) 　　　사이가 틀어짐 仲立ち(なかだち·나까다찌) 중개 買物(かいもの·가이모노) 쇼핑
流し目 (윙크) ながしめ 나가 시 메	長袖 (긴소매) ながそで 나가 소데
流れ聞き(ながれきき·나가레기끼) 　　　흘려들음 島流し(しまながし·시마나가시) 유배 目配せ(めくばせ·메구바세) 눈짓 目差す(めさす·메사스) 지향하다	長目(ながめ·나가메) 약간 긴 눈 長短(ちょうたん·죠오땅) 장단 袖裏(そでうら·소데우라) 소매안감 袖丈(そでたけ·소데다께) 소매길이
仲直り (화해) なかなおり 나까 나오 리	中中 (상당히, 제법) なかなか 나까 나까
仲居(なかい·나까이) 손님을 응 대하는 하녀 仲間(なかま·나까마) 동료 立直る(たちなおる·다찌나오루) 쓰 러지려다 다시 일어섬	中頃(なかごろ·나까고로) 중간쯤 中値(なかね·나까네) 중간시세 中指(なかゆび·나까유비) 둘째손 가락 中央(ちゅうおう·쥬우오오) 중앙

な行

なが ねん 長 年 (긴 세월, 나가 넹 여러해)	なが び 長 引 き (지연, 오 나가 비 끼 래 끌다)
長話(ながばなし・나가바나시) 장 황한 이야기 長屋(ながや・나가야) 셋집 年賀状(ねんがじょう・넹가죠오) 연하장 年俸(ねんぽう・넨보오) 연봉	長袖(ながそで・나가소데) 긴소매 長道(ながみち・나가미찌) 먼 길 字引き(じびき・지비끼) 옥편 引分け(ひきわけ・히끼와께) 무승부
なか ほど 中 程 (중간쯤, 나까 호도 절반쯤)	なか ま 仲 間 (동료, 나까 마 한패)
中庭(なかにわ・나까니와) 안 뜰 中隊(ちゅうたい・쥬우따이) 중대 程無く(ほどなく・호도나꾸) 이윽고 程度(ていど・데이도) 정도	仲人(なこうど・나꼬우도) 중매인 仲介(ちゅうかい・쥬우까이) 중개 合間(あいま・아이마) 짬 一間(いっけん・잇껜) 한 칸
なか み 中 身 (알맹이) 나까 미	なが め 長 雨 (장마) 나가 메
中にも(なかにも・나까니모) 특히 中毒(ちゅうどく・쥬우도꾸) 중독 見回り(みまわり・미마와리) 순찰 長身(ちょうしん・죠오싱) 장신	長持ち(ながもち・나가모찌) 오래감 長病み(ながやみ・나가야미) 숙환 雨風(あめかぜ・아메가제) 비바람 雨天(うてん・우뗑) 우천

な行

仲良し (단짝, 짝꿍) なか よ し 나까 요 시	**流れ者** (떠돌이, 방랑자) なが れ もの 나가 레 모노
仲立ち(なかたち・나까다찌) 중개 仲直り(なかなおり・나까나오리) 다 시금 사이가 좋아짐 良心(りょうしん・료오싱) 양심 不良(ふりょう・후료오) 불량	流れ星(ながれぼし・나가레보시) 유성 流れ矢(ながれや・나가레야) 빗나 간 화살 放浪者(ほうろうしゃ・호오로오샤) 방랑자
就中 (특히, 더욱이) なかん ずく 나깐 즈꾸	**亡骸** (시체, 유해) なき がら 나끼 가라
就職(しゅうしょく・슈우쇼꾸) 취직 成就(じょうじゅ・죠오쥬) 성취 中旬(ちゅうじゅん・쥬우쥰) 중순 中立(ちゅうりつ・쥬우리쓰) 중립	亡き後(なきあと・나끼아도) 사후 亡き者(なきもの・나끼모노) 죽은 사람 骸骨(がいこつ・가이꼬쓰) 해골 残骸(ざんがい・장가이) 잔해
泣き言 (푸념) な き ごと 나 끼 고또	**泣き所** (급소, 약점) な き ところ 나 끼 도꼬로
泣き顔(なきがお・나끼가오) 울상 泣き叫び(なきさけび・나끼사께비) 울부짖음 言付け(ことつけ・고도쓰께) 전갈 言明(げんめい・겐메이) 언명	泣き笑い(なきわらい・나끼와라이) 울고 웃음 所所(ところどころ・도꼬로도꼬로) 군데군데 所詮(しょせん・쇼셍) 결국

な行

泣き虫 (울보) な き むし 나 끼 무시	殴り書 (난필, 갈겨씀) なぐ り がき 나구 리 가끼
泣き声(なきごえ・나끼고에) 울음섞인 소리 泣き寝(なきね・나끼네) 울다가 잠듬 虫食い(むしくい・무시꾸이) 벌레먹음 害虫(がいちゅう・가이쮸우) 해충	殴り合い(なぐりあい・나구리아이) 주먹질 殴打(おうだ・오오다) 구타 書き物(かきもの・가끼모노) 쓴 것 横書き(よこがき・요꼬가끼) 가로쓰기
投げ首 (머리를 가웃함) な げ くび 나 게 구비	投げ槍 (중도포기) な げ やり 나 게 야리
投げ捨て(なげすて・나게스데) 내던짐 投票(とうひょう・도오효오) 투표 首輪(くびわ・구비와) 목걸이 首府(しゅふ・슈후) 수도	投売り(なげうり・나게우리) 덤핑판매 投資(とうし・도오시) 투자 槍玉(やりだま・야리다마) 대상 槍術(そうじゅつ・소오쥬쓰) 봉술
仲人 (중매인) なこ うど 나꼬 우도	名残り (섭섭한 정, 이별) な ご り 나 고 리
仲仕(なかし・나까시) 짐꾼 仲間割れ(なかまわれ・나까마와레) 한패끼리 싸우다 분열함 素人(しろうと・시로우도) 아마츄어 人手(ひとで・히또데) 일손	名乗(なのり・나노리) 이름을 댐 名人(めいじん・메이징) 명인 居残り(いのこり・이노꼬리) 혼자 남음 残高(ざんだか・잔다까) 잔고

な行

情無い (한심하다) なさけ な 나사께 나 이	**馴染み** (구면, な じ み 단골) 나 지 미
情知らず(なさけしらず・나사께시라즈) 몰 인정함. 또는 그런 사람 人情(にんじょう・닌죠오) 인정 無職(むしょく・무쇼꾸) 무직 無断(むだん・무당) 무단	馴合い(なれあい・나레아이) 공모 染色(せんしょく・센쇼꾸) 염색 伝染(でんせん・덴셍) 전염
何 故 (왜, な ぜ 어째서) 나 제	**謎解き** (수수께 なぞ と き 끼풀이) 나조 도 끼
何分(なにぶん・나니붕) 다소간 何人(なんにん・난닝) 몇 사람 故意(こい・고이) 고의 故人(こじん・고징) 고인	謎謎(なぞなぞ・나조나조) 수수께끼 解き放す(ときはなす・도끼하나스) 해방시키다 解読(かいどく・가이도꾸) 해독
名 代 (유명, な だい 명목) 나 다이	**名高い** (유명한, な だか い 소문난) 나 다까 이
名指し(なざし・나자시) 지명 名所(めいしょ・메이쇼) 명소 代金(だいきん・다이낑) 대금 代表(だいひょう・다이효오) 대표	名付け(なづけ・나즈께) 명명 名物(めいぶつ・메이부쓰) 명물 高跳び(たかとび・다까도비) 높이 뛰기 高低(こうてい・고오떼이) 높고 낮음

な行

雪 崩 (눈사태) な だれ 나 다레	**夏 枯れ** (여름철 なつ が 나쓰 가 레　　불경기)
雪煙(ゆきけむり·유끼게무리) 　　눈보라 雪見(ゆきみ·유끼미) 눈구경 崩壊(ほうかい·호오까이) 붕괴	夏空(なつぞら·나쓰조라) 여름하늘 真夏(まなつ·마나쓰) 한여름 枯木(かれき·가레끼) 고목 枯葉(かれば·가레바) 고엽
夏 場 (여름철) なつ ば 나쓰 바	**撫 子** (패랭이꽃) なでし こ 나데시 꼬
夏日(なつび·나쓰비) 뙤약볕 夏服(なつふく·나쓰후꾸) 여름옷 持場(もちば·모찌바) 담당부서 猟場(りょうば·료오바) 사냥터	撫上げる(なであげる·나데아게루) 　　매만저 위로 올림 撫付け(なでつけ·나데쓰께) 곱게 매만짐 子持ち(こもち·고모찌) 아이가 딸 림, 임신중
七 重 (여러 겹) なな え 나나 에	**何 気** (뜻없음, なに げ 나니 게　　무심함)
七色(なないろ·나나이로) 일곱색 七十(ななじゅう·나나쥬우) 70 二重瞼(ふたえまぶた·후따에마부 다) 쌍꺼풀 二重(にじゅう·니쥬우) 두 겹	何事(なにごと·나니고또) 무슨 일 何一つ(なにひとつ·나니히도쓰) 　　무엇 하나 気苦労(きぐろう·기구로오) 마음고생 内気(うちき·우찌끼) 내성적

な行

何 呉 (이것저것) なに くれ 나니 구레	何 卒 (부디, なに とぞ 제발) 나니 또조
何やら(なにやら・나니야라) 무엇인지 何より(なにより・나니요리) 무엇보다도 呉竹(くれたけ・구레다께) 솜대 呉服(ごふく・고후꾸) 포목	何しろ(なにしろ・나니시로) 그럴것이 何時(なんじ・난지) 몇 시 卒倒(そっとう・솟또오) 졸도 卒業(そつぎょう・소쓰교오) 졸업
何 分 (다소간, なに ぶん 부디) 나니 붕	鍋 物 (냄비요리) なべ もの 나베 모노
何せ(なにせ・나니세) 어쨌든 何年(なんねん・난넹) 몇 년 分配(ぶんぱい・분빠이) 분배 十分(じゅうぶん・쥬우붕) 충분	鍋鶴(なべづる・나베즈루) 흑두루미 鍋焼き(なべやき・나베야끼) 냄비 볶음 物置(ものおき・모노오끼) 헛간 何物(なにもの・나니모노) 무엇
生 意 気 (건방짐, なま い き 방자함) 나마 이 끼	名 前 (이름) な まえ 나 마에
生魚(なまざかな・나마자까나) 날생선 生存(せいぞん・세이종) 생존 意地(いじ・이지) 고집 気心(きごころ・기고꼬로) 마음씨	名乗る(なのる・나노루) 이름을 댐 名刺(めいし・메이시) 명함 前向き(まえむき・마에무끼) 정면으 로 향함 前週(ぜんしゅう・젠슈우) 지난 주

な行

怠け者 (게으름뱅이) なま　け　もの 나마　께　모노	**生半** (어설픈) なま　　なか 나마　　나까
怠惰(たいだ・다이다) 나태함 怠慢(たいまん・다이망) 태만 強者(つわもの・쓰와모노) 강자 学者(がくしゃ・가꾸샤) 학자	生生しい(なまなましい・나마나마시 　　　　이) 생생하다 生返事(なまへんじ・나마헨지) 건 　　　성으로 대답함 半月(はんつき・한쓰끼) 반달
生半可 (어정쩡한) なま　はん　か 나마　항　　까	**生兵法** (어설픈 なま　びょう　ほう　　　지식) 나마　보오　호오
生欠伸(なまあくび・나마아꾸비) 　　　　선하품 生果子(なまがし・나마까시) 생과자 半分(はんぶん・한붕) 절반 可決(かけつ・가께쓰) 가결	生臭い(なまぐさい・나마구사이) 비 　　　린내가 나다 生唾(なまつば・나마쓰바) 군침 兵隊(へいたい・헤이따이) 군인 水兵(すいへい・스이헤이) 수병
生水 (냉수) なま　　みず 나마　　미즈	**並木** (가로수) なみ　　き 나미　　끼
生ゴム(なまごむ・나마고무) 생고무 生放送(なまほうそう・나마호오소오) 　　　　생방송 水差し(みずさし・미즈사시) 주전자 水着(みずぎ・미즈기) 수영복	並木道(なみきみち・나미기미찌) 　　　　신작로 軒並(のきなみ・노끼나미) 집집마다 木釘(きぎ・기꾸기) 나무못 木造(もくぞう・모꾸조오) 목조

な行

並大抵 なみ たい てい　나미 다이 떼이 (이만저만 이 아님)	**涙声** なみだ ごえ　나미다 고에 (울먹이는 소리)
並製(なみせい・나미세이) 보통제품 並並(なみなみ・나미나미) 보통이 아닌 大人(おとな・오도나) 어른 抵当(ていとう・데이또오) 저당	涙雨(なみだあめ・나미다아메) 조금 오는 비 涙ぐむ(なみだぐむ・나미다구무) 눈물젖다 声付き(こえつき・고에쓰끼) 음성 発声(はっせい・핫세이) 발성
並外れ なみ はず れ　나미 하즈 레 (유별나다)	**南無三** な む さん　나 무 상 (아뿔사, 아차)
並足(なみあし・나미아시) 보통의 발걸음 並物(なみもの・나미모노) 흔한 물건 的外れ(まとはずれ・마도하즈레) 　과녁에서 빗나감 外信(がいしん・가이싱) 외신	南海(なんかい・낭까이) 남해 南方(なんぽう・난뽀오) 남방 無料(むりょう・무료오) 무료 三月(さんがつ・상가쓰) 3월
納屋 な や　나 야 (헛간)	**成上り** なり あが り　나리 아가 리 (벼락 출세자)
納税(のうぜい・노오제이) 납세 納付(のうふ・노오후) 납부 屋舎(おくしゃ・오꾸샤) 가건물 小屋(こや・고야) 오두막	成立ち(なりたち・나리다찌) 성립 成行き(なりゆき・나리유끼) 그 결과 立上り(たちあがり・다찌아가리) 일어서다 上段(じょうだん・죠오당) 상단

な行

成 金 (벼락부자) なり きん 나리 낑	**成 行 き** (되어가는 なり ゆ き 형편) 나리 유 끼

成代り(なりかわり・나리가와리)
     대신
成功(せいこう・세이꼬오) 성공
金庫(きんこ・깅꼬) 금고
送金(そうきん・소오낑) 송금
	成果て(なりはて・나리하떼) 전락
	成立(せいりつ・세이리쓰) 성립
	行き違い(ゆきちがい・유끼지가이)
	     엇갈림
	行き付け(ゆきつけ・유끼쓰께) 단골

成 程 (과연, なる ほど 딴은) 나루 호도	**馴 合 い** (공모) なれ あ い 나레 아 이

成人(せいじん・세이징) 성인
完成(かんせい・간세이) 완성
程合(ほどあい・호도아이) 알맞은
     정도
程程(ほどほど・호도호도) 적당히
	馴初め(なりそめ・나리소메) 친해
	     진 시초
	馴染(なじみ・나지미) 단골
	立合い(たちあい・다찌아이) 입회

難 儀 (고생, なん ぎ 수고) 낭 기	**南 京 虫** (빈대) なん きん むし 낭 낑 무시
難民(なんみん・난밍) 난민 難問(なんもん・난몽) 난문 奥義(おうぎ・오오기) 비전(秘伝) 行儀(ぎょうぎ・교오기) 행실	南京鼠(なんきんねずみ・낭낑네즈 미) 실험용의 새앙쥐 上京(じょうきょう・죠오꾜오) 상경 虫腹(むしばら・무시바라) 횟배앓이

な行

難 癖 (생트집) なん くせ 낭 구세	難 渋 (일이 꼬임) なん じゅう 난 쥬우
難局(なんきょく・난교꾸) 난국 難点(なんてん・난뗑) 난점 泣き癖(なきくせ・나끼구세) 우는 버릇 潔癖(けっぺき・겟뻬끼) 결벽	難題(なんだい・난다이) 난제 難無く(なんなく・난나꾸) 무난히 渋面(じゅうめん・쥬우멩) 찌푸린 얼굴
難 場 (어려운 なん ば 고비) 난 바	何 遍 (몇 번) なん べん 난 벵
難治(なんじ・난지) 난치 難破(なんぱ・난빠) 난파 市場(いちば・이찌바) 시장 置場(おきば・오끼바) 두는 곳	何軒(なんけん・난껭) 몇 집 何人(なんにん・난닝) 몇 명 遍歴(へんれき・헨레끼) 편력
何 等 (하등) なん ら 난 라	似 合 い (어울리다) に あ い 니 아 이
何でも(なんでも・난데모) 무엇이든 何日(なんにち・난니찌) 며칠 上等(じょうとう・죠오또오) 상품 彼等(かれら・가레라) 그들	似顔(にがお・니가오) 닮은 얼굴 似通う(にかよう・니까요우) 서로 닮다 合乗(あいのり・아이노리) 합승 合格(ごうかく・고오까꾸) 합격

な行

新妻 にい づま (새댁) / 니이 즈마	**二階建** に かい だて (이층집) / 니 까이 다데
新枕(にいまくら・니이마꾸라) 첫날밤의 동침 新聞(しんぶん・신붕) 신문 妻子(つまこ・쓰마꼬) 처자 妻琴(つまごと・쓰마고도) 거문고	二泊(にはく・니하꾸) 이박 階下(かいか・가이까) 아래층 階段(かいだん・가이당) 계단 建物(たてもの・다데모노) 건물
苦手 にが て (서투름, 질색) / 니가 떼	**苦笑い** にが わら い (쓴웃음) / 니가 와라 이
苦虫(にがむし・니가무시) 찌푸린 모양 苦楽(くらく・구라꾸) 고락 手引き(てびき・데비끼) 길잡이 遣り手(やりて・야리떼) 수완가	苦味(にがみ・니가미) 쓴맛 苦心(くしん・구싱) 고생 笑い種(わらいぐさ・와라이구사) 웃음거리 笑止(しょうし・쇼오시) 가소롭다
握り飯 にぎ り めし (주먹밥) / 니기 리 메시	**肉入れ** にく い れ (인주통) / 니꾸 이 레
握り拳(にぎりこぶし・니기리고부시) 주먹 握り屋(にぎりや・니기리야) 구두쇠 朝飯(あさめし・아사메시) 조반 麦飯(むぎめし・무기메시) 보리밥	肉眼(にくがん・니꾸강) 육안 肉体(にくたい・니꾸따이) 육체 入れ墨(いれずみ・이레즈미) 문신 入れ違(いれちがい・이레찌가이) 엇갈림

162

な行

憎体 にく てい (밉살스러운 모양)	**憎憎しい** にくにく (밉살스럽다)
憎まれ口(にくまれぐち・니꾸마레구찌) 미움을 살 말 憎悪(ぞうお・조오오) 증오 体力(たいりょく・다이료꾸) 체력	憎しみ(にくしみ・니꾸시미) 미움 憎まれっ子(にくまれっこ・니꾸마렛꼬) 미움받는 아이 憎まれ役(にくまれやく・니꾸마레야꾸) 미움받는 역할
肉屋 にく や (정육점)	**逃げ足** に げ あし (도망치려는 자세)
肉食(にくしょく・니꾸쇼꾸) 육식 肉親(にくしん・니꾸싱) 육친 部屋(へや・헤야) 방 廃屋(はいおく・하이오꾸) 폐옥	逃げ道(にげみち・니게미찌) 도망갈 길 逃走(とうそう・도오소오) 도주 足首(あしくび・아시구비) 발목 足代(あしだい・아시다이) 교통비
逃げ口上 に げ こうじょう (핑계, 발뺌)	**偽物** にせ もの (가짜)
逃げ口(にげぐち・니게구찌) 도망갈 구멍 逃亡(とうぼう・도오보오) 도망 口付け(くちづけ・구찌즈께) 입맞춤	偽札(にせさつ・니세사쓰) 위조지폐 虚偽(きょぎ・교기) 허위 物言い(ものいい・모노이이) 말투 禁物(きんもつ・긴모쓰) 금물

な行

に そく さん もん 二束三文 (싸구려) 니 소꾸 산 몽	**にち や** 日 夜 (밤낮없이) 니찌 야
二束(にそく·니소꾸) 두 묶음 束縛(そくばく·소꾸바꾸) 속박 文書(もんじょ·몬죠) 문서 文盲(もんもう·몬모오) 문맹	日没(にちぼつ·니찌보쓰) 일몰 日輪(にちりん·니찌링) 태양 一夜(いちや·이찌야) 하룻밤 夜目(よめ·요메) 밤눈
に づく り 荷作り (짐꾸리기) 니 즈꾸 리	**に ど** 二 度 (두 번, 니 도 재차)
荷台(にだい·니다이) 짐받이 荷舟(にぶね·니부네) 화물선 作り上げ(つくりあげ·쓰꾸리아게) 완성 作者(さくしゃ·사꾸샤) 작자	二重(にじゅう·니쥬우) 이중 二番(にばん·니방) 이번·두번째 度合い(どあい·도아이) 정도 度外(どがい·도가이) 도외
に の あし 二 の 足 (망설이다) 니 노 아시	**に まい じた** 二枚舌 (일구이언) 니 마이 지다
二の次(にのつぎ·니노쓰기) 다음번 二番目(にばんめ·니반메) 두번째 足踏み(あしぶみ·아시부미) 제자 리 걸음 足指(あしゆび·아시유비) 발가락	二枚(にまい·니마이) 두 장 二枚目(にまいめ·니마이메) 두번 째·미남배우 舌鼓(したつづみ·시다쓰즈미) 입 맛을 다심

な行

荷 物 (짐) に もつ 니 모쓰	**入 念** (정성껏, 꼼꼼히) にゅう ねん 뉴우 넹
荷馬車(にばしゃ・니바샤) 짐마차 荷札(にふだ・니후다) 꼬리표 物音(ものおと・모노오도) 소리 静物(せいぶつ・세이부쓰) 정물	入営(にゅうえい・뉴우에이) 입영 入社(にゅうしゃ・뉴우샤) 입사 念入り(ねんいり・넹이리) 꼼꼼함 執念(しゅうねん・슈우넹) 집념
女 房 (마누라, 여편네) にょう ぼう 뇨오 보오	**俄 雨** (소나기) にわか あめ 니와까 아메
女流(じょりゅう・죠류우) 여류 男女(だんじょ・단죠) 남녀 独房(どくぼう・도꾸보오) 독방 密房(みつぼう・미쓰보오) 밀방	俄仕込み(にわかじこみ・니와까지 꼬미) 벼락공부 俄成金(にわかなりきん・니와까나리 낑) 벼락부자 霧雨(きりさめ・기리사메) 이슬비
庭 師 (정원사) にわ し 니와 시	**人 足** (인부) にん そく 닝 소꾸
庭木(にわき・니와끼) 정원수 庭先(にわさき・니와사끼) 툇마루쪽 師範(しはん・시항) 사범 教師(きょうし・교오시) 교사	人気(にんき・닝끼) 인기 人相(にんそう・닌소오) 인상 足場(あしば・아시바) 발판 遠足(えんそく・엔소꾸) 소풍

な行

糠 喜 び (헛된 기쁨) ぬか よろこ 누까 요로꼬 비	抜 き 足 (살금살 ぬ あし 금 걸음) 누 끼 아시
糠雨(ぬかあめ・누까아메) 이슬비 糠釘(ぬかくぎ・누까구기) 작은 못 喜悦(きえつ・기에쓰) 희열 喜悲(きひ・기히) 희비	抜き去り(ぬきさり・누끼사리) 앞지르기 抜本(ばっぽん・밧뽕) 발본 足蹴(あしげ・아시게) 발길질 足下(あしもと・아시모도) 발 밑
抜 殻 (빈껍데기) ぬけ がら 누께 가라	抜 け 目 (빈틈, 허 ぬ け め 술한 점) 누 께 메
抜落ち(ぬけおち・누께오찌) 누락 抜出し(ぬけだし・누께다시) 빠져나감 貝殻(かいがら・가이가라) 조개껍질 吸殻(すいがら・스이가라) 꽁초	抜取り(ぬきとり・누끼도리) 뽑아내다 抜群(ばつぐん・바쓰궁) 발군 目垢(めあか・메아까) 눈꼽 目高(めだか・메다까) 송사리
盗 人 (도둑) ぬすっ と 누슷 또	布 切 れ (헝겊) ぬの ぎ れ 누노 기 레
盗み見(ぬすみみ・누스미미) 훔쳐봄 盗賊(とうぞく・도오조꾸) 도적 旅人(たびびと・다비비또) 나그네 友人(ゆうじん・유우징) 친구	布地(ぬのじ・누노지) 헝겊천 布目(ぬのめ・누노메) 옷감의 결 切れ目(きれめ・기레메) 잘린 곳 大切(たいせつ・다이세쓰) 소중함

な行

微温湯 (ぬる・ま・ゆ) (미지근한 목욕물) 누루 마 유	濡れ衣 (ぬ・れ・ぎぬ) (애매한 죄를 쓰다) 누 레 기누
微笑(びしょう・비쇼오) 미소 温泉(おんせん・온셍) 온천 湯気(ゆげ・유게) 수증기 熱湯(あつゆ・아쓰유) 뜨거운 물	濡れ事(ぬれごと・누레고또) 정사 (情事) 濡れ手(ぬれて・누레데) 젖은 손 衣裳(いしょう・이쇼오) 의상 下衣(かい・가이) 하의
値上げ (ね・あ・げ) (가격인상) 네 아 게	値打 (ね・うち) (가치, 값어치) 네 우찌
値下げ(ねさげ・네사게) 가격인하 価値(かち・가찌) 가치 上下(じょうげ・죠오게) 상하 天上(てんじょう・덴죠오) 하늘 위	値踏み(ねぶみ・네부미) 평가 元値(もとね・모도네) 원가 打合せ(うちあわせ・우찌아와세) 타협 打破(だは・다하) 타파
寝返り (ね・がえ・り) (배반, 배신) 네 가에 리	根方 (ね・かた) (나무의 밑둥) 네 까다
寝袋(ねぶくろ・네부꾸로) 침낭 寝台(しんだい・신다이) 침대 返事(へんじ・헨지) 대답 宙返り(ちゅうがえり・쥬우가에리) 공중제비	根差し(ねざし・네자시) 뿌리내림 根芹(ねぜり・네제리) 미나리 方方(かたがた・가다가따) 여러분 夜明け方(よあかがた・요아께가다) 새벽녘

な行

値切り (에누리) ね ぎ 네 기 리	**寝癖** (잠버릇) ね ぐせ 네 구세
高値(たかね・다까네) 비싼 값 数値(すうち・스우찌) 수치 切上げ(きりあげ・기리아게) 끝을 　　맺다 切開(せっかい・셋까이) 절개	寝起き(ねおき・네오끼) 일상생활 寝相(ねぞう・네조오) 자는 모습 口癖(くちぐせ・구찌구세) 입버릇 怠け癖(なまけくせ・나마께구세) 게 　　으른 버릇
猫被り (본심을 ねこ かぶ 숨김) 네꼬 가부 리	**根刮** (뿌리째, ね こそぎ 몽땅) 네 꼬소기
猫要らず(ねこいらず・네꼬이라즈) 　　쥐약 猫背(ねこぜ・네고제) 새우등 頬被り(ほおかぶり・호오가부리) 수 　　건 따위로 뺨을 쌈	根城(ねじろ・네지로) 아성 根元(ねもと・네모또) 뿌리께 刮目(かつもく・가쓰모꾸) 괄목
寝言 (잠꼬대) ね ごと 네 고또	**値段** (값, ね だん 정가) 네 당
寝泊り(ねとまり・네도마리) 숙박 朝寝(あさね・아사네) 늦잠 小言(こごと・고고또) 잔소리 言及(げんきゅう・겡뀨우) 언급	値頃(ねごろ・네고로) 합당한 값 安値(やすね・야스네) 싼 값 段違い(だんちがい・단찌가이) 심한 　　차이 段取り(だんどり・단도리) 사전준비

な行

熱心 (열심) ねっ しん 넷 싱	**値引き** (에누리) ね び き 네 비 끼
熱狂(ねっきょう・넷꾜오) 열광 情熱(じょうねつ・죠오네쓰) 정열 心境(しんきょう・싱꾜오) 심경 決心(けっしん・겟싱) 결심	値下げ(ねさげ・네사게) 가격인하 値幅(ねはば・네하바) 가격폭 引取り(ひきとり・히끼도리) 인수 引分け(ひきわけ・히끼와께) 무승부
寝不足 (수면부족) ね ぶ そく 네 부 소꾸	**寝坊** (잠꾸러기) ね ぼう 네 보오
寝汗(ねあせ・네아세) 식은땀 寝間(ねま・네마) 침실 不動(ふどう・후도오) 부동 人足(にんそく・닌소꾸) 인부	寝顔(ねがお・네가오) 자는 얼굴 寝過ぎ(ねすぎ・네스기) 늦잠자다 坊主(ぼうず・보오즈) 승려・중
寝間着 (잠옷) ね ま き 네 마 끼	**眠気** (잠기, 졸음) ねむ け 네무 께
寝様(ねざま・네자마) 자는 모습 寝室(しんしつ・신시쓰) 침실 間貸し(まがし・마가시) 셋방을 줌 着物(きもの・기모노) 옷	眠り薬(ねむりくすり・네무리구스리) 수면제 安眠(あんみん・안밍) 안면 人気(ひとけ・히도께) 인기척 気骨(きこつ・기꼬쓰) 기골

な行

念 入 り (정성껏) ねん い 넹 이 리	**念 の 為** (다짐하 ねん ため 고자) 넨 노 다메
念頭(ねんとう・넨또오) 염두 入念(にゅうねん・뉴우넹) 꼼꼼함 入金(にゅうきん・뉴우낑) 입금 入手(にゅうしゅ・뉴우슈) 입수	念願(ねんがん・넹강) 염원 念仏(ねんぶつ・넨부쓰) 염불 為筋(ためすじ・다메스지) 연줄 為人(ひととなり・히도또나리) 위인
年 配 (중년, 지 ねん ばい 긋한 나이) 넨 빠이	**納 税** (납세) のう ぜい 노오 제이
年報(ねんぽう・넨뽀오) 연보 年令(ねんれい・넨레이) 연령 配置(はいち・하이찌) 배치 心配(しんぱい・신빠이) 근심	納期(のうき・노오끼) 납기 出納(すいとう・스이또오) 출납 税政(ぜいせい・제이세이) 세정 税法(ぜいほう・제이호오) 세법
能 無 し (무능한 자) のう な 노오 나 시	**軒 下** (처마 밑) のき した 노끼 시다
能力(のうりょく・노오료꾸) 능력 可能(かのう・가노오) 가능 無情(むじょう・무죠오) 무정 無料(むりょう・무료오) 무료	軒端(のきば・노끼바) 처마 끝 軒店(のきみせ・노끼미세) 구멍가게 下心(したごころ・시다고꼬로) 속셈 天下(てんか・덴까) 천하

な行

の たれ じに **野 垂 死** (객사) 노 다레 지니	の なか **野 中** (들 한 노 나까 가운데)
野宿(のじゅく・노쥬꾸) 노숙 野球(やきゅう・야뀨우) 야구 垂れ幕(たれまく・다레마꾸) 현수막 早死(はやじに・하야지니) 요절	野育ち(のそだち・노소다찌) 멋대 　　로 자람 野原(のはら・노하라) 들판 中旬(ちゅうじゅん・쥬우쥰) 중순 中天(ちゅうてん・쥬우뗑) 중천
の べ **野 辺** (들, 들판) 노 베	の ほう ず **野 放 図** (방자함) 노 호오 즈
野菊(のぎく・노기꾸) 들국화 野生(やせい・야세이) 야성 辺境(へんきょう・헹꾜오) 변경 海辺(うみべ・우미베) 바닷가	野路(のじ・노지) 들길 野放し(のばなし・노바나시) 놓아기름 放送(ほうそう・호오소오) 방송 図鑑(ずかん・즈깡) 도감
のみ こ **飲 込 み** (이해) 노미 꼬 미	のみ もの **飲 物** (음료, 노미 모노 마실것)
飲み薬(のみぐすり・노미구스리) 　　내복약 飲助(のみすけ・노미스께) 술꾼 込合い(こみあい・고미아이) 혼잡 見込み(みこみ・미꼬미) 가능성	飲み代(のみだい・노미다이) 술값 飲料(いんりょう・인료오) 음료 物音(ものおと・모노오도) 소리・기척 唯物(ゆいぶつ・유이부쓰) 유물

な行

野良着 の ら ぎ 노 라 기 (들옷)	乗換え のり か え 노리 까 에 (갈아탐, 환승)
野道(のみち・노미찌) 들길 野良犬(のらいぬ・노라이누) 들개 良好(りょうこう・료오꼬오) 양호 良識(りょうしき・료오시끼) 양식	乗客(じょうきゃく・죠오꺄꾸) 승객 乗船(じょうせん・죠오셍) 승선 交換(こうかん・고오깡) 교환 転換(てんかん・뎅깡) 전환
乗物 のり もの 노리 모노 (승용물, 탈 것)	暖簾 の れん 노 렝 (상점입 구의 발)
乗り場(のりば・노리바) 정류장 乗車(じょうしゃ・죠오샤) 승차 物取り(ものとり・모노도리) 도둑 物欲(ぶつよく・부쓰요꾸) 물욕	暖冬(だんとう・단또오) 난동 暖房(だんぼう・단보오) 난방 垂簾(すいれん・스이렝) 수렴
鈍間 のろ ま 노로 마 (굼벵이, 바보)	呑気 のん き 농 끼 (태평, 무관심)
鈍器(どんき・동끼) 둔기 鈍重(どんじゅう・돈쥬우) 둔중 間際(まぎわ・마기와) 직전·임박 眉間(みけん・미껭) 미간	呑吐(どんと・돈또) 마심과 토함 気体(きたい・기따이) 기체 気稟(きひん・기힝) 기품

172

は行

場 合 (경우) ば あい 바 아이	**配 下** (부하) はい か 하이 까
場代(ばだい・바다이) 장소값 墓場(はかば・하까바) 무덤 見合い(みあい・미아이) 맞선 合法(ごうほう・고오호오) 합법	配給(はいきゅう・하이뀨우) 배급 配当(はいとう・하이또오) 배당 下等(かとう・가또오) 하등 降下(こうか・고오까) 강하
俳 句 (일본의 はい く 짧은 시) 하이 꾸	**灰 皿** (재떨이) はい ざら 하이 자라
俳聖(はいせい・하이세이) 하이꾸 의 명인 俳優(はいゆう・하이유우) 배우 文句(もんく・몽꾸) 문구. 잔소리	灰色(はいいろ・하이이로) 잿빛 石灰(せっかい・셋까이) 석회 皿洗い(さらあらい・사라아라이) 접시닦기 更盛り(さらもり・사라모리) 접시 에 담음
拝 借 (빌림) はい しゃく 하이 샤꾸	**配 所** (유배지, はい しょ 귀양지) 하이 쇼
拝礼(はいらい・하이라이) 배례 崇拝(すうはい・스우하이) 숭배 借家(しゃくや・샤꾸야) 셋집 借金(しゃっきん・샷낑) 돈을 빌림	配合(はいごう・하이고오) 배합 配置(はいち・하이찌) 배치 所信(しょしん・쇼싱) 소신 所得(しょとく・쇼또꾸) 소득

は行

配 達 屋 (배달부) はい たつ や 하이 따쓰 야	**敗 北** (패배) はい ぼく 하이 보꾸
配下(はいか・하이까) 부하 配偶(はいぐう・하이구우) 배우 達見(たっけん・닷껭) 뛰어난 의견 発達(はったつ・핫따쓰) 발달	敗亡(はいぼう・하이보오) 패망 惨敗(ざんぱい・잔빠이) 참패 南北(なんぼく・난보꾸) 남북 北極(ほっきょく・홋꾜꾸) 북극
馬 鹿 (바보) ば か 바 까	**葉 書** (엽서) は がき 하 가끼
馬上(ばじょう・바죠오) 마상・말 위 騎馬(きば・기바) 기마 牡鹿(おすしか・오스시까) 숫사슴	葉色(はいろ・하이로) 잎사귀빛 枯葉(かれは・가레하) 마른 잎 落書(らくがき・가꾸가끼) 낙서 書斎(しょさい・쇼사이) 서재
博 士 (박사) はか せ 하까 세	**墓 参 り** (성묘) はか まい り 하까 마이 리
博愛(はくあい・하꾸아이) 박애 博物(はくぶつ・하꾸부쓰) 박물 士族(しぞく・시조꾸) 사족 紳士(しんし・신시) 신사	墓標(はかじるし・하까지루시) 묘비 墓地(ぼち・보찌) 묘지 参拝(さんぱい・산빠이) 참배 持参(じさん・지상) 지참

は行

歯痒い はがゆい (안타깝다, 답답하다) 하 가유 이	**吐き気** はきけ (구역질, 구토증) 하 끼 께
歯痛(はいた・하이따) 치통 虫歯(むしば・무시바) 충치 搔痒(そうよう・소오요오) 가려움	吐出す(はきだす・하끼다스) 토해 내다 吐息(といき・도이끼) 한숨 気泡(きほう・기호오) 기포 気紛れ(きまぐれ・기마구레) 변덕
履物 はきもの (신발) 하끼 모노	**拍手** はくしゅ (박수) 하꾸 슈
履歴(りれき・리레끼) 이력 草履(ぞうり・조오리) 짚신 見せ物(みせもの・미세모노) 구경거리 読物(よみもの・요미모노) 읽을거리	拍車(はくしゃ・하꾸샤) 박차 拍子(ひょうし・효오시) 박자・장단 手中(しゅちゅう・슈쮸우) 수중 握手(あくしゅ・아꾸슈) 악수
薄情 はくじょう (비정함, 박정함) 하꾸 죠오	**白状** はくじょう (고백) 하꾸 죠오
薄弱(はくじゃく・하꾸쟈꾸) 박약 薄命(はくめい・하꾸메이) 박명 情況(じょうきょう・죠오꾜오) 정황 同情(どうじょう・도오죠오) 동정	白菜(はくさい・하꾸사이) 배추 明白(めいはく・메이하꾸) 명백 状況(じょうきょう・죠오꾜오) 상황 賞状(しょうじょう・쇼오죠오) 상장

は行

ばく ち 博 打 (노름, 바꾸 찌 　도박)	は ぐるま 歯 車 (톱니바퀴) 하 구루마
博学(はくがく・하꾸가꾸) 박학 博徒(ばくと・바꾸도) 노름꾼 打合せ(うちあわせ・우찌아와세) 상의 打力(だりょく・다료꾸) 타력	歯形(はがた・하가따) 이빨자국 歯磨粉(はみがきこ・하미가끼꼬) 　　치약 車座(くるまざ・구루마자) 둘러앉음 汽車(きしゃ・기샤) 기차
ばく れん 莫 連 (닳아빠 바꾸 렝 　진 여자)	は け 刷 毛 (솔, 하 께 　귀얄)
莫大(ばくだい・바꾸다이) 막대 連敗(れんばい・렌빠이) 연패 連名(れんめい・렌메이) 연명	刷新(さっしん・삿싱) 쇄신 印刷(いんさつ・인사쓰) 인쇄 毛皮(けがわ・게가와) 모피 毛筆(もうひつ・모오히쓰) 모필
はげ あたま 禿 頭 (대머리) 하게 아다마	ばけ もの 化 物 (도깨비) 바께 모노
禿鷹(はげたか・하게다까) 독수리 禿山(はげやま・하게야마) 민둥산 頭数(あたまかず・아다마가즈) 인원수 目頭(めがしら・메가시라) 눈시울	化学(かがく・가가꾸) 화학 化石(かせき・가세끼) 화석 売物(うりもの・우리모노) 매물 怪物(かいぶつ・가이부쓰) 괴물

は行

歯応え <ruby>歯<rt>は</rt></ruby> <ruby>応<rt>ごた</rt></ruby>え (반응) 하 고따 에	梯子 <ruby>梯<rt>はし</rt></ruby> <ruby>子<rt>ご</rt></ruby> (사다리) 하시 고
歯茎(はぐき・하구끼) 잇몸 歯車(はぐるま・하구루마) 톱니바퀴 見応え(みごたえ・미고따에) 볼품 応用(おうよう・오오요오) 응용	梯子酒(はしござけ・하시고자께) 술집순례 梯形(ていけい・데이께이) 사다리꼴 子会社(こがいしゃ・고가이샤) 자회사 椅子(いす・이스) 의자
場所 <ruby>場<rt>ば</rt></ruby> <ruby>所<rt>しょ</rt></ruby> (장소) 바 쇼	端銭 <ruby>端<rt>はした</rt></ruby> <ruby>銭<rt>ぜに</rt></ruby> (푼돈) 하시다 제니
置場(おきば・오끼바) 두는 곳 土壇場(どたんば・도딴바) 막다른 순간 所帯(しょたい・쇼따이) 세대 名所(めいしょ・메이쇼) 명소	端金(はしたがね・하시따가네) 푼돈 端無くも(はしなくも・하시나꾸모) 뜻 밖에도 銭形(ぜにがた・제니가따) 엽전모양 銭湯(せんとう・센또오) 공중목욕탕
場末 <ruby>場<rt>ば</rt></ruby> <ruby>末<rt>すえ</rt></ruby> (변두리) 바 스에	蓮っ葉 <ruby>蓮<rt>はす</rt></ruby>っ<ruby>葉<rt>ば</rt></ruby> (왈가닥) 하슷 빠
売場(うりば・우리바) 매장 酒場(さかば・사까바) 주점 末っ子(すえっこ・스엣꼬) 막내 末座(まつざ・마쓰자) 말석	蓮華(れんげ・렝게) 연꽃 水蓮(すいれん・스이렝) 수련 菜っ葉(なっぱ・낫빠) 푸성귀잎 松葉(まつば・마쓰바) 솔잎

は行

はた いろ **旗 色** (형세, 하다 이로 전황)	はだ ぎ **肌 着** (속옷, 하다 기 내의)
旗印(はたじるし·하다지루시) 기치 国旗(こっき·곳끼) 국기 色眼鏡(いろめがね·이로메가네) 색안경 景色(けしき·게시끼) 경치	肌寒い(はださむい·하다사무이) 으스스 춥다 肌身(はだみ·하다미) 몸 着流し(きながし·기나가시) 평복차림 下着(したぎ·시다기) 속옷
はたけ ちが **畑 違 い** (전문분야 하다께 지가 이 가 다름)	はた ご **旅 籠** (여인숙) 하다 고
畑作(はたさく·하다사구) 밭농사 行き違い(ゆきちがい·유끼지가이) 길이 어긋남 違反(いはん·이항) 위반	旅先(たびさき·다비사끼) 행선지 旅愁(りょしゅう·료쥬우) 여수 鳥籠(とりかご·도리가고) 초롱 籠城(ろうじょう·로오죠오) 농성
はだ さわ **肌 触 り** (촉감) 하다 사와 리	はだ し **裸 足** (맨발) 하다 시
肌合(はだあい·하다아이) 성질 肌色(はだいろ·하다이로) 살색 触診(しょくしん·쇼꾸싱) 촉진 感触(かんしょく·간쇼꾸) 감촉	裸一貫(はだかいっかん·하다까잇 깡) 적수공권 裸身(らしん·라싱) 나신 足指(あしゆび·아시유비) 발가락 一足(いっそく·잇소꾸) 한 켤레

は行

果し合い （결투） はた あ 하다 시 아이	**傍 目** （곁에서 はた め　보기에） 하다　메
果し状(はたしじょう·하다시죠오) 　　　결투장 果然(かぜん·가젱) 과연 合間(あいま·아이마) 짬 試合(しあい·시아이) 시합	傍迷惑(はためいわく·하따메이와꾸) 　　옆사람에게 미치는 폐 傍系(ぼうけい·보오께이) 방계 傍人(ぼうじん·보오징) 옆사람
働 き 手 （일꾼, 집안 はたら き て　의 기둥） 하다라 끼 데	**罰 当 り** （천벌을 ばち あた り　받을 사람） 바찌 아다 리
働盛り(はたらきさかり·하다라끼사까 　리) 한창 일할 때 労働(ろうどう·로오도오) 노동 手初め(てはじめ·데하지메) 시초 手本(てほん·데홍) 본보기	罰金(ばっきん·밧낑) 벌금 罰則(ばっそく·밧소꾸) 벌칙 当り前(あたりまえ·아따리마에) 당연 当局(とうきょく·도오꾜꾸) 당국
鉢 合 せ （우연히 はち あわ せ　마주침） 하찌 아와 세	**場 違 い** （장소에 어울 ば ちが い　리지 않음） 바 지까 이
鉢物(はちもの·하찌모노) 분재 托鉢(たくはつ·다꾸하쓰) 탁발 合点(がってん·갓뗑) 승낙 合本(がっぽん·갓뽕) 합본	板場(いたば·이따바) 요리사 道場(どうじょう·도오죠오) 도장 間違い(まちがい·마찌가이) 잘못 違背(いはい·이하이) 위배

は行

鉢巻き はち ま き / 하찌 마 끼 (머리띠)	**蜂蜜** はち みつ / 하찌 미쓰 (벌꿀)
鉢合せ(はちあわせ・하찌아와세) 박치기 植木鉢(うえきばち・우에끼바찌) 화분 巻返し(まきかえし・마끼가에시) 반격 巻紙(まきがみ・마끼가미) 두루마리	蜂の巣(はちのす・하찌노스) 벌집 女王蜂(じょおうばち・죠오오바찌) 여왕벌 蜜蝋(みつろう・미쓰로오) 밀납
初耳 はつ みみ / 하쓰 미미 (처음 들음)	**初雪** はつ ゆき / 하쓰 유끼 (첫눈)
初雨(はつあめ・하쓰아메) 처음 오는 비 最初(さいしょ・사이쇼) 최초 耳鳴り(みみなり・미미나리) 귀울림 耳朶(みみぶた・미미부따) 귀밥	初子(はつご・하쓰고) 첫아기 初等(しょとう・쇼또오) 초등 雪道(ゆきみち・유끼미찌) 눈길 新雪(しんせつ・신세쓰) 신설
派手 は で / 하 데 (사치스러움)	**破天荒** は てん こう / 하 뗑 꼬오 (전대미문)
派遣(はけん・하껭) 파견 派生(はせい・하세이) 파생 手筈(てはず・데하즈) 준비・배치 手の甲(てのこう・데노고오) 손등	破綻(はたん・하땅) 파탄 破滅(はめつ・하메쓰) 파멸 中天(ちゅうてん・쥬우뗑) 중천 荒城(こうじょう・고오죠오) 황성

は行

波止場 (はとば) (선창, 부두) 하 또 바	**鳩目** (はとめ) (구무나 사람으로 하도 메 끈을 매는구멍)
波涛(はとう・하또오) 파도 荒波(あらなみ・아라나미) 풍랑 歯止め(はどめ・하도메) 브레이크 本場(ほんば・혼바) 본고장	鳩時計(はととけい・하도도께이) 비둘기시계 鳩胸(はとむね・하도무네) 새가슴 目先(めさき・메사끼) 눈 앞 目尻(めじり・메지리) 눈고리
鼻唄 (はなうた) (콧노래) 하나 우다	**花形** (はながた) (인기절정 하나 가따 의 스타)
鼻息(はないき・하나이끼) 콧김 鼻糞(はなくそ・하나구소) 코딱지 唄声(うたごえ・우다고에) 노래소리 子守唄(こもりうた・고모리우다) 자 장가	花籠(はなかご・하나가고) 꽃바구니 花園(はなぞの・하나조노) 화원 形見(かたみ・가따미) 유물 形式(けいしき・게이시끼) 형식
話合い (はなしあい) (의논) 하나시 아 이	**話し手** (はなして) (말하는 하나 시 데 사람)
話家(はなしか・하나시까) 만담가 昔話(むかしばなし・무까시바나시) 옛날이야기 具合(ぐあい・구아이) 형편 見合(みあい・미아이) 맞선	話掛け(はなしかけ・하나시까께) 말을 걸다 話術(わじゅつ・와쥬쓰) 화술 手順(てじゅん・데쥰) 수순 手術(しゅじゅつ・슈쥬쓰) 수술

は行

花 束 (꽃다발) はな たば 하나 다바	**花 火** (불꽃, 폭죽) はな び 하나 비
花言葉(はなことば·하나고도바) 꽃말 花片(はなびら·하나비라) 꽃잎 束ね(たばね·다바네) 묶음 札束(さつたば·사쓰다바) 지폐뭉치	花畑(はなばたけ·하나바다께) 꽃밭 花嫁(はなよめ·하나요메) 신부 火鉢(ひばち·히바찌) 화로 火花(ひばな·히바나) 불똥
花 見 (꽃구경) はな み 하나 미	**離 れ 業** (아슬아슬 한 재주) はな わざ 하나 레 와자
花房(はなぶさ·하나부사) 꽃송이 花札(はなふだ·하나후다) 화투 見切り(みきり·미끼리) 단념 見比べ(みくらべ·미꾸라베) 비교	離れ島(はなれじま·하나레지마) 외딴섬 離れ離れ(はなればなれ·하나레바 나레) 따로따로 業師(わざし·와자시) 술책가 業物(わざもの·와자모노) 잘 드는 칼
母 方 (외가쪽) はは かた 하하 가따	**羽 振 り** (위세, 판치다) は ぶ り 하 부 리
母上(ははうえ·하하우에) 어머님 母御(ははご·하하고) 자당 二割方(にわりかた·니와리가다) 2할쯤 皆様方(みなさまがた·미나사마가 다) 여러분들	羽布団(はねぶとん·하네부동) 새 털을 넣은 이불 振替(ふりかえ·후리까에) 대채 振向く(ふりむく·후리무꾸) 뒤돌아 보다

は行

葉 巻 (엽궐연, 여송연) 하 마끼	**浜 辺** (바닷가) 하마 베
落葉(おちば・오찌바) 낙엽 紅葉(もみじ・모미지) 단풍 巻毛(まきげ・마끼게) 곱슬머리 鉢巻き(はちまき・하찌마끼) 머리띠	浜路(はまじ・하마지) 해변길 砂浜(すなはま・스나하마) 모래사장 上辺(うわべ・우와베) 표면 辺地(へんち・헨찌) 벽지
羽 目 (난처한 처지) 하 메	**場 面** (장면) 바 멘
羽音(はおと・하오도) 날개소리 羽織る(はおる・하오루) 걸치다 目上(めうえ・메우에) 손위사람 目録(もくろく・모꾸로꾸) 목록	立場(たちば・다찌바) 입장 上場(そうじょう・소오죠오) 상장 面談(めんだん・멘당) 면담 仮面(かめん・가멩) 가면
早引き (조퇴) 하야 비 끼	**早 目** (일찌감치) 하야 메
早起(はやおき・하야오끼) 일찍 일어남 早死(はやじに・하야지니) 요절 引越し(ひっこし・힛꼬시) 이사 引攣(ひきつり・히끼쓰리) 경련	早寝(はやね・하야네) 일찍 잠 早早(はやばや・하야바야) 부랴부랴 目配せ(めくばせ・메꾸바세) 눈짓 目前(もくぜん・모꾸젱) 목전

は行

流行り（유행） 하 야 리	張合い（경쟁, 하리 아 이 의욕）
流速(りゅうそく・류우소꾸) 유속 潮流(ちょうりゅう・죠오류우) 조류 決行(けっこう・겟꼬오) 결행 同行(どうこう・도오꼬오) 동행	張切り(はりきり・하리끼리) 긴장 張力(ちょうりょく・죠오료꾸) 장력 合言葉(あいことば・아이고도바) 암호말 具合(ぐあい・구아이) 형편
遥 遥（멀리에서 하루 바루 일부러）	番 組（프로그램） 방 구미
遥遠(ようえん・요오엥) 요원・아득함 逍遥(しょうよう・쇼오요오) 소요・산책	番号(ばんごう・방고오) 번호 交番(こうばん・고오방) 파출소 組合(くみあい・구미아이) 조합 組織(そしき・소시끼) 조직
半 袖（반소매） 한 소데	番 頭（상점의 고용 반 또오 인 우두머리）
半額(はんがく・항가꾸) 반액 半身(はんしん・한싱) 반신 袖口(そでくち・소데구찌) 소맷부리 袖無し(そでなし・소데나시) 소매가 없는 옷	番人(ばんにん・반닝) 감시인 地番(ちばん・지방) 지번 頭部(とうぶ・도오부) 두부 先頭(せんとう・센또오) 선두

は行

半端 (반조각) はん ば 한 빠	**半分** (절반, 반) はん ぶん 한 붕
半径(はんけい・항께이) 반경 半焼(はんしょう・한쇼오) 반소 木端(こっぱ・곳빠) 부스러기 突端(とったん・돗땅) 돌단	半円(はんえん・한엥) 반원 半裸(はんら・한라) 반라 分解(ぶんかい・붕까이) 분해 分家(ぶんけ・붕께) 분가
引出し (서랍, ひき だ 히끼 다 시 인출)	**引分け** (무승부, ひき わ 히끼 와 께 비김)
引伸し(ひきのばし・히끼노바시) 확대 引責(いんせき・인세끼) 인책 出し抜け(だしぬけ・다시누께) 불시에 出生(しゅっせい・슛세이) 출세	引止め(ひきとめ・히끼도메) 만류 引渡し(ひきわたし・히끼와다시) 인도 分け前(わけまえ・와께마에) 몫, 배당 分野(ぶんや・붕야) 분야
引け目 (열등감) ひ け め 히 께 메	**日頃** (평소) ひ ごろ 히 고로
引受け(ひきうけ・히끼우께) 인수 引き時(ひきどき・히끼도끼) 물러갈 때 目当て(めあて・메아떼) 목표 目標(もくひょう・모꾸효오) 목표	日付(ひづけ・히즈께) 날짜 日傘(ひがさ・히가사) 양산 頃合(ころあい・고로아이) 기회 此頃(このごろ・고노고로) 요즈음

は行

ひざ こ ぞう **膝 小 僧** （무릎） 히자 고 조오	ひじ てっ ぽう **肘 鉄 砲** （팔꿈치 히지 뎃 뽀오 로 치다）
膝頭(ひざがしら・히자가시라) 무릎 膝枕(ひざまくら・히자마꾸라) 무릎 　　　　베개 小僧(こぞう・고조오) 사환아이	肘掛け(ひじかけ・히지가께) 팔걸이 鉄砲(てっぽう・뎃뽀오) 총 鉄道(てつどう・데쓰도오) 철도 砲丸(ほうがん・호오강) 포환
ひた お **直 押 し** （마구 히다 오 시 밀어냄）	ひた すら **直 管** （오직, 히다 스라 애오라지）
直心(ひたごころ・히다고꼬로) 일편단심 直接(ちょくせつ・죠꾸세쓰) 직접 押売り(おしうり・오시우리) 강매 押掛け(おしかけ・오시까께) 밀어닥침	只事(ただごと・다아고또) 보통일 只者(ただもの・다다모노) 보통사람 手管(てくだ・데꾸다) 나쁜 수단 土管(どかん・도깡) 토관
ひだり き **左 利 き** （왼손잡이） 히다리 기 끼	びっ くり **吃 驚** （깜짝놀람） 빗 꾸리
左側(ひだりがわ・히다리가와) 좌측 左手(ひだりて・히다리데) 왼손 目利(めきき・메기끼) 감정가 利益(りえき・리에끼) 이익	吃水(きっすい・깃스이) 흘수 驚異(きょうい・교오이) 경이 驚愕(きょうがく・교오가꾸) 경악

は行

ひっ こ 引 越 し （이사） 힛 꼬 시	ひと かど 一 角 （어엿한, 히도 가도 버젓한）
引換え（ひきかえ・히끼가에） 교환 取引き（とりひき・도리히끼） 거래 山越え（やまごえ・야마고에） 산너머 越冬（えっとう・엣또오） 월동	一頃（ひところ・히도고로） 한 때 一役（ひとやく・히도야꾸） 한 구실 角立つ（かどたつ・가도다쓰） 모나다 町角（まちかど・마찌가도） 길모퉁이
ひと がら 人 柄 （사람됨, 히도 가라 인품）	ひと きわ 一 際 （유달리） 히도 끼와
人事（ひとごと・히도고도） 남의 일 人質（ひとじち・히도지찌） 인질 間柄（あいだがら・아이다가라） 사이 家柄（いえがら・이에가라） 가문	一言（ひとこと・히도꼬또） 한 마디 一休み（ひとやすみ・히도야스미） 잠간 쉼 水際（みずぎわ・미즈기와） 물가 交際（こうさい・고오사이） 교제
ひと ご 人 込 み （복잡한 곳） 히도 고 미	ひと しお 一 入 （더한층, 히도 시오 한결더）
人前（ひとまえ・히도마에） 남들 앞 人見知り（ひとみしり・히도미시리） 낯가림 尻込み（しじみ・시리고미） 뒷걸음질	一人（ひとり・히도리） 한 사람 一日（いちにち・이찌니찌） 하루 入学（にゅうがく・뉴우가꾸） 입학 入選（にゅうせん・뉴우셍） 입선

は行

ひと あな **一つ穴** (한구덩이, 히도 쓰 아나 같은 패)	ひと つまみ **人 抓** (한 줌) 히도 쓰마미
一滴(ひとしずく・히도시즈꾸) 한 방울 一筋(ひとすじ・히도스지) 한 줄기 穴熊(あなぐま・아나구마) 오소리 穴蔵(あなぐら・아나구라) 움막	一通り(ひととおり・히도도오리) 대충 一握り(ひとにぎり・히도니기리) 한 줌 抓食い(つまみぐい・쓰마미구이) 손가락으로 집어먹음
ひと で **人 手** (일손) 히도 데	ひと なみ **人 並** (보통정도) 히도 나미
人毎(ひとごと・히도고또) 사람마다 人っ子(ひとっこ・히돗꼬) 사람 手垢(てあか・데아까) 손때 手掛り(てがかり・데가까리) 단서	人気(ひとけ・히도께) 인기척 人真似(ひとまね・히도마네) 남의 흉내 並並(なみなみ・나미나미) 보통이 아님 並外れ(なみはずれ・나미하즈레) 유별남
ひと め **人 目** (남의 눈, 히도 메 이목)	ひと り まえ **一 人 前** (한 사람 몫) 히도 리 마에

人出(ひとで・히도데) 사람이 많이 모임
人差指(ひとさしゆび・히도사시유비)
    둘째손가락
目下(めした・메시다) 손아래
眼目(がんもく・간모꾸) 안목
	一眠り(ひとねむり・히도네무리) 한 잠
	一人娘(ひとりむすめ・히도리무스메)
	    외동딸
	前金(まえきん・마에낑) 선금
	前以って(まえもって・마에못떼) 미리

は行

ひと り もの **一 人 者** （독신자） 히도 리 모노	ひ なた **日 向** （양지） 히 나따
一人暮らし(ひとりぐらし・히도리구라시) 독신생활 一人善がり(ひとりよがり・히도리요가리) 독선적 若者(わかもの・와까모노) 젊은이	日長(ひなが・히나가) 낮이 긴 것 日の出(ひので・히노데) 일출 向学(こうがく・고오가꾸) 향학 向上(こうじょう・고오죠오) 향상
ひ にく **皮 肉** （비꼼, 빈 히 니꾸 정거림）	ひのき ぶ だい **檜 舞 台** （영광스러 히노끼 부 다이 운 무대）
皮革(ひかく・히까꾸) 피혁 表皮(ひょうひ・효오히) 표피 肉弾(にくだん・니꾸당) 육탄 肉欲(にくよく・니꾸요꾸) 육욕	檜(ひのき・히노끼) 노송나무 見舞い(みまい・미마이) 병문안 舞踏(ぶとう・부또오) 무도
ひ の **日 延 べ** （연기, 히 노 베 연장）	ひ ばち **火 鉢** （화로） 히 바찌
日金(ひがね・히가네) 일숫돈 日除け(ひよけ・히요께) 차일 延人員(のべじんいん・노베징잉) 연인원	火種(ひだね・히다네) 불씨 火の出(ひので・히노데) 불길 鉢合せ(はちあわせ・하찌아와세) 박치기 鉢物(はちもの・하찌모노) 분재

は行

日 増 し (나날이) ひ ま し 히 마 시	**暇 潰 し** (심심풀이) ひま つぶ し 히마 쓰부 시
日覆い(ひおおい・히오오이) 차양 日陰(ひかげ・히까게) 응달 焼増し(やきまし・야끼마시) 인화 増加(ぞうか・조오까) 증가	暇人(ひまじん・히마징) 한가한 사람 休暇(きゅうか・큐우까) 휴가 穀潰し(ごくつぶし・고꾸쓰부시) 밥벌레 潰滅(かいめつ・가이메쓰) 궤멸
百 姓 (농군, ひゃく しょう 백성) 햐꾸 쇼오	**病 院** (병원) びょう いん 뵤오 잉
百聞(ひゃくぶん・햐꾸붕) 백문 百薬(ひゃくやく・햐꾸야꾸) 백약 姓名(せいめい・세이메이) 성명	病床(びょうしょう・뵤오쇼오) 병상 病棟(びょうとう・뵤오또오) 병동 院長(いんちょう・인쬬오) 원장 学院(がくいん・가꾸잉) 학원
病 気 (병) びょう き 뵤오 끼	**拍 子** (박자) ひょう し 효오 시
病室(びょうしつ・뵤오시쓰) 병실 看病(かんびょう・간뵤오) 간병 気落ち(きおち・기오찌) 낙심 気掛り(きがかり・기가까리) 염려	拍子抜け(ひょうしぬけ・효오시누께) 맥빠짐 拍手(はくしゅ・하꾸슈) 박수 子細(しさい・시사이) 까닭 分子(ぶんし・분시) 분자

は行

ひょう ばん **評 判** (소문) 효오 방	ひ より **日 和** (날씨) 히 요리
評価(ひょうか・효오까) 평가 批評(ひひょう・히효오) 비평 判断(はんだん・한당) 판단 判別(はんべつ・한베쓰) 판별	日刊(にっかん・닛깡) 일간 日常(にちじょう・니찌죠오) 일상 温和(おんわ・옹와) 온화 平和(へいわ・헤이와) 평화
ひら て **平 手** (손바닥) 히라 떼	ひら や **平 屋** (단층집) 히라 야
平場(ひらば・히라바) 평지 真っ平(まっぴら・맛삐라) 질색 手入れ(ていれ・데이레) 손질 手品(てじな・데지나) 마술	平謝り(ひらあやまり・히라아야마리) 손이 닳도록 빌다 平坦(へいたん・헤이땅) 평탄 納屋(なや・나야) 헛간. 곡간
ひろ ま **広 間** (큰 방, 홀) 히로 마	びん ぼう **貧 乏** (가난) 빈 보오
広場(ひろば・히로바) 광장 広野(こうや・고오야) 광야 居間(いま・이마) 거실 週間(しゅうかん・슈우깡) 주간	貧困(ひんこん・힝꽁) 빈곤 貧弱(ひんじゃく・힌쟈꾸) 빈약 欠乏(けつぼう・게쓰보오) 결핍 窮乏(きゅうぼう・규우보오) 궁핍

は行

無愛想 <ruby>ぶ</ruby><ruby>あい</ruby><ruby>そう</ruby> 부 아이 소오 (무뚝뚝함)	不意 <ruby>ふ</ruby><ruby>い</ruby> 후 이 (느닷없이)
無視(むし·무시) 무시 無理(むり·무리) 무리 愛敬(あいきょう·아이꾜오) 애교 理想(りそう·리소오) 이상	不屈(ふくつ·후꾸쓰) 불굴 不利(ふり·후리) 불리 意気(いき·이끼) 의기 意見(いけん·이껭) 의견
吹聴 <ruby>ふい</ruby><ruby>ちょう</ruby> 후이 쬬오 (퍼뜨리고 다님)	風変り <ruby>ふう</ruby><ruby>がわ</ruby> 후우 가와 리 (색다른, 특이한)
吹奏(すいそう·스이소오) 취주 鼓吹(こすい·고스이) 고취 聴衆(ちょうしゅう·쬬오슈우) 청중 聴力(ちょうりょく·쬬오료꾸) 청력	風景(ふうけい·후우께이) 풍경 風俗(ふうぞく·후우조꾸) 풍속 変り者(かわりもの·가와리모노) 괴짜 変化(へんか·헹까) 변화
不得て <ruby>ふ</ruby><ruby>え</ruby> 후 에 떼 (잘못함, 서투름)	不覚 <ruby>ふ</ruby><ruby>かく</ruby> 후 까꾸 (실수)
不定(ふてい·후떼이) 부정 不貞(ふてい·후떼이) 부정 得体(えたい·에따이) 정체 得失(とくしつ·도꾸시쓰) 득실	不幸(ふこう·후꼬오) 불행 不満(ふまん·후망) 불만 覚悟(かくご·가꾸고) 각오 感覚(かんかく·강까꾸) 감각

は行

不 恰 好 (끝이 흥함) ぶ かっ こう 부 깟 꼬오	**深 手** (깊은 상처) ふか で 후까 데
恰好(かっこう・갓꼬오) 모양새 不敗(ふはい・후하이) 불패 不明(ふめい・후메이) 불명	深酒(ふかさけ・후가사께) 과음 深間(ふかま・후까마) 깊은 곳 手早(てばや・데바야) 재빨리 手控え(てひかえ・데히까에) 비망록
不 気 嫌 (불쾌함) ふ き げん 후 끼 겡	**不 気 味** (어쩐지 ぶ き み 기분나쁨) 부 끼 미
不変(ふへん・후헹) 불변 不用(ふよう・후요오) 불용 気骨(きこつ・기꼬쓰) 기골 嫌悪(けんお・겡오) 혐오	不可能(ふかのう・후까노오) 불가능 不死(ふし・후시) 불사 気絶(きぜつ・기제쓰) 기절 正味(しょうみ・쇼오미) 알맹이
不 器 用 (서투름) ぶ き よう 부 끼 요오	**付 近** (부근, ふ きん 근처) 후 낑
不潔(ふけつ・후께쓰) 불결 不足(ふそく・후소꾸) 부족 器量(きりょう・기료오) 용모・기량 用事(ようじ・요오지) 볼일	寄付(きふ・기후) 기부 納付(のうふ・노오후) 납부 近親(きんしん・긴싱) 근친 最近(さいきん・사이낑) 최근

は行

袋 小 路 (막다른 후꾸로 고오 지 골목)	無 骨 (멋이 없음) 부 꼬쓰
袋叩き(ふくろだたき・후꾸로다다끼) 뭇매 胃袋(いぶくろ・이부꾸로) 밥통 小見(しょうけん・쇼오껭) 좁은 생각 路上(ろじょう・로죠오) 노상	無遠慮(ぶえんりょ・부엔료) 염치 없음 無識(むしき・무시끼) 무식 骨組み(ほねぐみ・호네구미) 뼈대 骨接ぎ(ほねつぎ・호네쓰기) 접골
無 作 法 (버릇없음) 부 사 호오	無 様 (꼴이 흉함) 부 자마
無事(ぶじ・부지) 무사 無法(むほう・무호오) 무법 作詞(さくし・사꾸시) 작사 法典(ほうてん・호오뗑) 법전	無名(むめい・무메이) 무명 無礼(ぶれい・부레이) 무례 貴様(きさま・기사마) 너 若様(わかさま・와까사마) 서방님
節 穴 (널판지 후시 아나 의 구멍)	不 思 議 (이상함) 후 시 기

節付(ふしつけ・후시쓰께) 가사에
  곡을 붙임
節目(ふしめ・후시메) 마디나 옹
  이 부분
穴蔵(あなぐら・아나구라) 움막
	不法(ふほう・후호오) 불법
	思想(しそう・시소오) 사상
	議会(ぎかい・기까이) 의회
	議論(ぎろん・기롱) 논쟁

は行

ぶ 不 躾 （무례, 실례） 부　시쓰께	ふ じ み 不 死 身 （불사신） 후　지　미
不信(ふしん・후싱) 불신 不敵(ふてき・후떼끼) 대담부쌍 躾(しつけ・시쓰께) 버릇들이기	不穏(ふおん・후옹) 불온 不妊(ふにん・후닝) 불임 死人(しにん・시닝) 죽은 사람 死亡(しぼう・시보오) 사망
ぶ しょう 不 精 （게으름） 부　쇼오	ふ しん 不 審 （이상 후　싱　야릇함）
不純(ふじゅん・후쥰) 불순 不発(ふはつ・후하쓰) 불발 精進(しょうじん・쇼오징) 정진 精神(せいしん・세이싱) 정신	不忠(ふちゅう・후쮸우) 불충 不毛(ふもう・후모오) 불모 審査(しんさ・신사) 심사 審判(しんばん・신빵) 심판
ふ ぜい 風 情 （풍치, 후　제이　모양）	ふた ご 双 子 （쌍둥이） 후다　고
風波(ふうは・후우하) 풍파 風流(ふうりゅう・후우류우) 풍류 温情(おんじょう・온죠오) 온정 同情(どうじょう・도오죠오) 동정	双葉(ふたば・후따바) 쌍잎사귀 双竜(そうりゅう・소오류우) 쌍룡 売子(うりこ・우리꼬) 판매원 団子(だんご・당고) 경단떡

は行

普_후 段_당 (평소)	不_부 調_{쬬오} 法_{호오} (소홀함, 미흡함)
普及(ふきゅう・후뀨우) 보급 普通(ふつう・후쓰우) 보통 段階(だんかい・당까이) 단계 段落(だんらく・단라꾸) 단락	不当(ふとう・후또오) 부당 不通(ふつう・후쓰우) 불통 調書(ちょうしょ・쬬오쇼) 조서 法学(ほうがく・호오가꾸) 법학
打_붓 切_{끼라} 棒_{보오} (무뚝뚝함)	不_후 都_쓰 合_{고오} (형편이 좋지 못함)
打撃(だげき・다게끼) 타격 連打(れんだ・란다) 연타 切歯(せっし・셋시) 이를 갊 心棒(しんぼう・신보오) 굴렛대	不日(ふじつ・후지쓰) 멀지 않아 不実(ふじつ・후지쓰) 부실 都心(としん・도싱) 도심 競合(きょうごう・교오고오) 경합
仏_붓 頂_{쬬오} 面_{즈라} (무뚝뚝한 얼굴)	不_{후쓰} 束_{쓰까} (미거함, 불민함)
仏教(ぶっきょう・붓꾜오) 불교 仏像(ぶつぞう・부쓰조오) 불상 頂点(ちょうてん・쬬오뗑) 정점 面の皮(つらのかわ・쓰라노가와) 낯가죽	不在(ふざい・후자이) 부재 不自然(ふしぜん・후시젱) 부자연 束の間(つかのま・쓰까노마) 순식간 鍵束(かぎたば・가기다바) 열쇠꾸러미

は行

不敵 ふ(후) てき(데끼) (대담무쌍함)	**不届き** ふ(후) とど(도도) き(끼) (괘씸함)
不意(ふい・후이) 불의 不朽(ふきゅう・후뀨우) 불후 敵軍(てきぐん・데끼궁) 적군 無敵(むてき・무데끼) 무적	不可(ふか・후까) 불가 不具(ふぐ・후구) 불구 届先(とどけさき・도도께사끼) 보낼 곳 届出(とどけで・도도께데) 신고
布団 ふ(후) とん(똥) (이부자리)	**船乗り** ふな(후나) の(노) り(리) (선원, 뱃사람)
布陣(ふじん・후징) 포진 宣布(せんぷ・센뿌) 선포 炭団(たどん・다동) 조개탄 団結(だんけつ・당께쓰) 단결	船便(ふなべん・후나벵) 선편 船長(せんちょう・센쬬오) 선장 乗込み(のにみ・노리꼬미) 올라타다 乗車(じょうしゃ・죠오샤) 승차
不憫 ふ(후) びん(빙) (가엾다, 딱함)	**吹雪** ふ(후) ぶき(부끼) (눈보라)
不浄(ふじょう・후죠오) 부정 不正(ふせい・후세이) 부정 憐憫(れんびん・렌빙) 연민	吹込み(ふきこみ・후끼고미) 불어넣다 吹降り(ふきぶり・후끼부리) 폭풍우 雪道(ゆきみち・유끼미찌) 눈길 雪景(せっけい・셋껭) 설경

は行

不 便 (불편) 후 벵	**踏 切 り** (건널목) 후미 끼 리
不安(ふあん・후앙) 불안 不吉(ふきつ・후끼쓰) 불길 便法(べんぽう・벤뽀오) 편법 便利(べんり・벤리) 편리	踏み板(ふみいた・후미이다) 발판 踏歩(とうほ・도오호) 답보 切上げ(きりあげ・기리아게) 끝맺음 切迫(せっぱく・셋빠꾸) 절박
不 用 意 (준비성 후 요오 이 이 없음)	**不 用 心** (조심성이 후 요오 징 모자람)
不快(ふかい・후까이) 불쾌 不動(ふどう・후도오) 부동 作用(さよう・사요오) 작용 注意(ちゅうい・쥬우이) 주의	不幸(ふこう・후꼬오) 불행 不倫(ふりん・후링) 불륜 用件(ようけん・요오껭) 용건 心算(しんさん・신상) 심산
不 埒 (발칙함) 후 라찌	**古 着** (헌 옷) 후루 기
不義(ふぎ・후기) 불의 不順(ふじゅん・후중) 불순 埒外(らちがい・라찌가이) 울타리밖	古顔(ふるがお・후루가오) 고참 古代(こだい・고다이) 고대 着替え(きがえ・기가에) 옷을 갈아 입음 愛着(あいちゃく・아이쨔꾸) 애착

は行

振舞い (행동, 거동) 후루 마 이	風呂 (목욕) 후 로
振動(しんどう·신도오) 진동 不振(ふしん·후싱) 부진 見舞い(みまい·미마이) 문병 舞踊(ぶよう·부요오) 무용	風邪(かぜ·가제) 감기 風速(ふうそく·후우소꾸) 풍속 呂律(ろれつ·로레쓰) 말투, 말씨
風呂敷 (보자기) 후 로 시끼	不渡り (어음부도) 후 와다 리
風雨(ふうう·후우우) 풍우 風采(ふうさい·후우사이) 풍채 敷居(しきい·시끼이) 문지방 敷地(しきち·시끼찌) 부지	不景気(ふけいき·후께이끼) 불경기 不問(ふもん·후몽) 불문 渡り鳥(わたりどり·와다리도리) 철새 譲渡(じょうと·죠오또) 양도
分際 (주제) 분 자이	分配 (분배) 분 빠이
分業(ぶんぎょう·붕교오) 분업 分離(ぶんり·분리) 분리 際会(さいかい·사이까이) 재회 際限(さいげん·사이겡) 기한	分隊(ぶんたい·분따이) 분대 分裂(ぶんれつ·분레쓰) 분열 配定(はいてい·하이떼이) 배정 心配(しんぱい·신빠이) 근심

は行

へい き 平 気 (태평, 헤이 끼 태연함)	へい こう 閉 口 (질림, 손 헤이 꼬오 을 들음)
平地(へいち・헤이찌) 평지 平凡(へいぼん・헤이봉) 평범 気孔(きこう・기꼬오) 숨구멍 精気(せいき・세이끼) 정기	閉鎖(へいさ・헤이사) 폐쇄 閉門(へいもん・헤이몽) 폐문 口腔(こうくう・고오꾸우) 구강 口調(くちょう・구쬬오) 말투
へい ぜい 平 生 (평소) 헤이 제이	へい ふく 平 伏 (꿇어 헤이 후꾸 엎드림)
平日(へいじつ・헤이지쓰) 평일 平野(へいや・헤이야) 평야 生死(せいし・세이시) 생사 生理(せいり・세이리) 생리	平穏(へいおん・헤이옹) 평온 平均(へいきん・헤이낑) 평균 伏線(ふくせん・후꾸셍) 복선 伏兵(ふくへい・후꾸헤이) 복병
へ た 下 手 (서투름) 헤 따	べつ じょう 別 状 (이상, 다 베쓰 죠오 른 상태)
下見(したみ・시다미) 예비조사 零下(れいか・레이까) 영하 手中(しゅちゅう・슈쮸우) 수중 射手(しゃしゅ・샤슈) 사수	別途(べっと・벳또) 별도 別別(べつべつ・베쓰베쓰) 따로 状況(じょうきょう・죠오꾜오) 상황 現状(げんじょう・겐죠오) 현상

は行

別 段 べっ だん 베쓰 당 (별로, 그다지)	**別 人** べっ にん 베쓰 닝 (다른 사람)
別紙(べっし・벳시) 별지 別室(べっしつ・벳시쓰) 별실 段取り(だんどり・단도리) 절차 算段(さんだん・산당) 작정	別種(べっしゅ・벳슈) 별종 別表(べっぴょう・벳뾰오) 별표 人夫(にんぷ・닌뿌) 인부 下人(げにん・게닝) 종・하인
別 嬪 べっ びん 벳 삥 (미인, 미녀)	**反 吐** へ ど 헤 도 (구역질)
別荘(べっそう・벳소오) 별장 別名(べつめい・베쓰메이) 별명 別物(べつもの・베쓰모노) 다른 것	反逆(はんぎゃく・항갸꾸) 반역 反抗(はんこう・항꼬오) 반항 吐血(とけつ・도께쓰) 토혈 嘔吐(おうと・오오도) 구토
下 間 へ ま 헤 마 (실수, 잘못)	**部 屋** へ や 헤 야 (방)
下手(へた・헤따) 서투름 下男(げなん・게낭) 남자하인 土間(どま・도마) 봉당 間諜(かんちょう・간쬬오) 간첩	部分(ぶぶん・부붕) 부분 幹部(かんぶ・간부) 간부 菓子屋(かしや・가시야) 과자가게 花屋(はなや・하나야) 꽃가게

は行

篦 棒 (べら・ぼう) (엄청남, 병신) 베라 보오	**屁 理 屈** (へ・り・くっ) (억지, 생때) 헤 리 구쓰
靴篦(くつべら・구쓰헤라) 구두주걱 鉄棒(てつぼう・데쓰보오) 철봉 泥棒(どろぼう・도로보오) 도둑놈	屁っ放り腰(へっぴりごし・헷삐리고 시) 엉거주춤한 상태 理解(りかい・리까이) 이해 屈服(くっぷく・굿뿌꾸) 굴복
弁 解 (べん・かい) (변명, 변제) 벵 까이	**勉 強** (べん・きょう) (공부, 면학) 벵 꾜오
弁護(べんご・벵고) 변호 弁明(べんめい・벤메이) 변명 解決(かいけつ・가이께쓰) 해결 解説(かいせつ・가이세쓰) 해설	勉学(べんがく・벵가꾸) 면학 勤勉(きんべん・긴벤) 부지런함 強圧(きょうあつ・교오아쓰) 강압 強要(きょうよう・교오요오) 강요
偏 屈 (へん・くっ) (고꽉함) 헹 꾸쓰	**返 事** (へん・じ) (대답) 헨 지
偏向(へんこう・헹꼬오) 편향 偏在(へんざい・헨자이) 편재 屈従(くつじゅう・구쓰쥬우) 굴종 屈折(くっせつ・굿세쓰) 굴절	返信(へんしん・헨싱) 답장・소식 返答(へんとう・헨또오) 대답・답변 事実(じじつ・지지쓰) 사실 万事(ばんじ・반지) 만사

は行

便 所 (변소, 화장실) べん じょ 벤 죠	変 梃 (이상한 모양) へん てこ 헨 떼꼬
便宜(べんぎ・벵기) 편의 便通(べんつう・벤쓰우) 변통 所期(しょき・쇼끼) 소기 所業(しょぎょう・쇼교오) 소행	変化(へんか・헹까) 변화 変遷(へんせん・헨셍) 변천 梃子(てこ・데꼬) 지레 鉄梃子(かなてこ・가나데꼬) 쇠지 렛대
変 哲 (평범함) へん てつ 헨 떼쓰	返 答 (대답, 회답) へん とう 헨 또오
変更(へんこう・헹꼬오) 변경 変動(へんどう・헨도오) 변동 哲学(てつがく・데쓰가꾸) 철학 先哲(せんてつ・센떼쓰) 선철	返上(へんじょう・헨죠오) 반환 返礼(へんれい・헨레이) 답례 答申(とうしん・도오싱) 답신 問答(もんどう・몬도오) 문답
弁 当 (도시락) べん とう 벤 또오	辺 鄙 (두메, 벽촌) へん び 헨 삐
弁済(べんさい・벤사이) 변제 雄弁(ゆうべん・유우벵) 웅변 当時(とうじ・도오지) 당시 当惑(とうわく・도오와꾸) 당혹	辺境(へんきょう・헹꾜오) 변경 辺地(へんち・헨찌) 변두리땅 辺幅(へんぷく・헨뿌꾸) 표면

は行

便利 べん・り (편리) 벤・리	**法外** ほう・がい (터무니없음) 호오・가이
便器(べんき・벵끼) 변기 小便(しょうべん・쇼오벵) 소변 利潤(リじゅん・리쥰) 이윤 鋭利(えいリ・에이리) 예리	法衣(ほうい・호오이) 법의 法学(ほうがく・호오가꾸) 법학 外国(がいこく・가이꼬꾸) 외국 外出(がいしゅつ・가이슈쓰) 외출
方角 ほう・がく (방향) 호오・가꾸	**奉公** ほう・こう (고용살이) 호오・꼬오
方針(ほうしん・호오싱) 방침 方法(ほうほう・호오호오) 방법 角張る(かくばる・가꾸바루) 모나다 角帽(かくぼう・가꾸보오) 사각모	奉仕(ほうし・호오시) 봉사 奉祝(ほうしゅく・호오슈꾸) 봉축 公衆(こうしゅう・고오슈우) 공중 公立(こうりつ・고오리쓰) 공립
坊主 ぼう・ず (중, 승려) 보오・즈	**呆然** ぼう・ぜん (망연자실, 멍청함) 보오・젱
坊や(ぼうや・보오야) 아가 寝坊(ねぼう・네보오) 잠꾸러기 主人(しゅじん・슈징) 주인 主流(しゅりゅう・슈류우) 주류	阿呆(あほう・아호오) 바보 痴呆(ちほう・지호오) 치매 自然(しぜん・시젱) 자연 平然(へいぜん・헤이젱) 태연

は行

朋 輩 (동료, 친구) ほう ばい 호오 바이	**褒 美** (상, 포상) ほう び 호오 비
朋党(ほうとう・호오또오) 붕당 朋友(ほうゆう・호오유우) 붕우 輩出(はいしゅつ・하이슈쓰) 배출 先輩(せんぱい・센빠이) 선배	褒章(ほうしょう・호오쇼오) 포장 褒賞(ほうしょう・호오쇼오) 포상 美徳(びとく・비도꾸) 미덕 讃美(さんび・산비) 찬미
頬 杖 (손으로 ほお づえ 턱을 굄) 호오 즈에	**朴 念 仁** (벽창호) ぼく ねん じん 보꾸 넨 징

頬桁(ほおげた・호오게다) 광대뼈
頬擦り(ほおずり・호오즈리) 볼에
   볼을 비벼댐
杖柱(つえばしら・쓰에바시라) 의
   지하는 것
	素朴(そぼく・소보꾸) 소박
	念力(ねんりき・넨리끼) 염력
	仁術(にんじゅつ・닌쥬쓰) 인술

僕 等 (우리들) ぼく ら 보꾸 라	**反 故** (소용없는 ほ ご 물건) 호 고
下僕(げぼく・게보꾸) 하인・종 奴等(やつら・야쓰라) 놈들 三等(さんとう・산또오) 3등	反撃(はんげき・항게끼) 반격 反対(はんたい・한따이) 반대 故郷(こきょう・고꾜오) 고향 故国(ここく・고꼬꾸) 고국

は行

ほ て **火 照 り** (달아오름, 호 데 리　회끈거림)	ほね お **骨 折 り** (노고, 호네 오 리　수고)
火災(かさい・가사이) 화재 火鉢(ひばち・히바찌) 화로 照り雨(てりあめ・데리아메) 여우비 照臭い(てれくさい・데레구사이) 　멋적다	骨組(ほねぐみ・호네구미) 뼈대 骨格(こっかく・곳까꾸) 골격 折合い(おりあい・오리아이) 절충 折込み(おりこみ・오리꼬미) 접어 　넣다
ほん き **本 気** (진심, 홍 끼　진정)	ほん とう **本 当** (진짜, 혼 또오　정말)
本部(ほんぶ・혼부) 본부 本屋(ほんや・홍야) 책방 気温(きおん・기옹) 기온 気絶(きぜつ・기제쓰) 기절	本心(ほんしん・혼싱) 본심 本人(ほんにん・혼닝) 본인 当直(とうちょく・도오쬬꾸) 당직 相当(そうとう・소오또오) 상당
ほん ば **本 場** (본고장) 혼 바	ほん もの **本 物** (진짜) 혼 모노
本箱(ほんばこ・혼바꼬) 책장 本分(ほんぶん・혼붕) 본분 市場(いちば・이찌바) 시장 乗場(のりば・노리바) 차타는 곳	本質(ほんしつ・혼시쓰) 본질 本然(ほんぜん・혼젱) 본연 食物(たべもの・다베모노) 음식물 汚物(おぶつ・오부쓰) 오물

ま行

<ruby>毎<rt>まい</rt></ruby> <ruby>朝<rt>あさ</rt></ruby> (매일아침) 마이 　아사	<ruby>迷<rt>まい</rt></ruby> <ruby>子<rt>ご</rt></ruby> (길잃은 마이 　고 　아이)
毎月(まいげつ·마이게쓰) 매달 毎晩(まいばん·마이방) 매일밤 朝顔(あさがお·아사가오) 나팔꽃 朝露(あさつゆ·아사쓰유) 아침이슬	迷信(めいしん·메이싱) 미신 迷路(めいろ·메이로) 미로 子供(こども·고도모) 어린아이 赤子(あかご·아까고) 아기
<ruby>真<rt>まい</rt></ruby><ruby>一<rt>ち</rt></ruby><ruby>文<rt>もん</rt></ruby><ruby>字<rt>じ</rt></ruby> (일직선) 마 이찌 몬 지	<ruby>毎<rt>まい</rt></ruby> <ruby>度<rt>ど</rt></ruby> (매번) 마이 　도
真砂(まさご·마사고) 잔모래 真四角(ましかく·마시까꾸) 정사각형 無一文(むいちもん·무이찌몽) 무일푼 赤字(あかじ·아까지) 적자	毎日(まいにち·마이니찌) 매일 毎年(まいねん·마이넹) 매년 今度(こんど·곤도) 이번 節度(せつど·세쓰도) 절도
<ruby>前<rt>まえ</rt></ruby> <ruby>書<rt>がき</rt></ruby> (머리말) 마에 　가끼	<ruby>前<rt>まえ</rt></ruby> <ruby>掛<rt>か</rt></ruby> け (앞치마) 마에 　까 께
前歯(まえば·마에바) 앞니 前日(まえび·마에비) 전날 書き手(かきて·가끼떼) 쓰는 사람 書芸(しょげい·쇼게이) 서예	前置き(まえおき·마에오끼) 머리말 前払い(まえばらい·마에바라이) 선불 掛金(かけがね·가께가네) 빗장 掛値(かけね·가께네) 에누리

ま行

まえ　が **前 借 り**　（가불） 마에　가　리	まえ　　きん **前　　金**　（선금） 마에　　　　껑
前祝い(まえいわい・마에이와이) 　　　　미리 축하함 前売り(まえうり・마에우리) 예매 借入れ(かりいれ・가리이레) 차입 借主(かりぬし・가리누시) 차용자	前髪(まえがみ・마에가미) 앞머리 前身(ぜんしん・젠싱) 전신 金玉(きんたま・긴따마) 불알. 고환 代金(だいきん・다이낑) 대금
まえ　た　れ **前 垂 れ**　（앞치마） 마에　다　레	まえ　ぶ　れ **前 触 れ**　（예고） 마에　부　레
前屈み(まえかがみ・마에가가미) 　　윗몸을 앞으로 구부림 前後(ぜんご・젠고) 전후・앞뒤 垂れ髪(たれがみ・다레가미) 늘어 　　뜨린 머리	前足(まえあし・마에아시) 앞발 前期(ぜんき・젱끼) 전기 触れ文(ふれぶみ・후레부미) 고시문 接触(せっしょく・셋쇼꾸) 접촉
まが　　もの **紛 い 物**　（모조품） 마가　이　모노	ま　　がお **真　顔**　（진지한 얼 마　　가오　굴, 정색）
紛える(まがえる・마가에루) 착각하 　　게 하다 見紛え(みまがえ・미마가에) 착각 物淋しい(ものさびしい・모노사비 　　시이) 어쩐지 쓸쓸하다	真裏(まうら・마우라) 바로 뒤 真直ぐ(まっすぐ・맛스구) 곧장 顔合せ(かおあわせ・가오아와세) 대면 顔負け(かおまけ・가오마께) 무색해짐

ま行

間借り (방을 빌림, 셋방) ま が 마 가 리	曲り角 (길모퉁이) ま が かど 마가 리 가도
間引き(まびき・마비끼) 솎아냄 週間(しゅうかん・슈우깡) 주간 借入れ(かりいれ・가리이레) 차입 借用(しゃくよう・샤꾸요오) 차용	曲り目(まがりめ・마가리메) 구부러진 곳 曲芸(きょくげい・교꾸게이) 곡예 角立つ(かどたつ・가도다쓰) 모나다 角地(かどち・가도찌) 모퉁이의 땅
巻返し (반격) まき かえ 마끼 까에 시	巻添え (말려듦) まき ぞ 마끼 조 에
巻紙(まきがみ・마끼가미) 두루마리 巻付く(まきつく・마끼쓰꾸) 감기다 恩返し(おんがえし・옹가에시) 보은 返り花(かえりばな・가에리바나) 제 철 아닌 꽃	巻尺(まきじゃく・마끼쟈꾸) 줄자 巻煙草(まきたばこ・마끼다바꼬) 궐련 添え物(そえもの・소에모노) 곁들인 물건 付添い(つきそい・쓰끼소이) 곁에 서 시중을 들다
間際 (직전, ま ぎわ 임박) 마 기와	枕許 (머리맡) まくら もと 마꾸라 모도
間貸し(まかし・마가시) 셋방을 놓음 間断(かんだん・간당) 간단 国際(こくさい・고꾸사이) 국제 窓際(まどぎわ・마도기와) 창가	枕木(まくらぎ・마꾸라기) 철도의 침목 枕辺(まくらべ・마꾸라베) 머리맡 身許(みもと・미모도) 신원 許可(きょか・교까) 허가

ま行

紛 当 り まぐれ あた り　마구레 아다 리 (우연히 들어맞음)	**負けん気** ま　けん　き　마 껭 끼 (경쟁심)
紛れ(まぐれ・마구레) 헷갈림 紛込み(まぐれこみ・마구레꼬미) 잠입 当り障り(あたりさわり・아다리사와리) 지장 当世(とうせい・도오세이) 당세	負け色(まけいろ・마께이로) 패색 負け魂(まけだましい・마께지다마시이) 투지 気転(きてん・기뗑) 재치 気楽(きらく・기라꾸) 마음편함
馬 子 ま　ご　마 고 (마부)	**真 心** ま　こころ　마 고꼬로 (진심)
馬糞(まぐそ・마구소) 말똥 馬車(ばしゃ・바샤) 마차 赤子(あかご・아까고) 아기 女子(じょし・죠시) 여자	真冬(まふゆ・마후유) 한겨울 真夜中(まよなか・마요나까) 한밤중 心持ち(こころもち・고꼬로모찌) 기분 心配(しんぱい・신빠이) 근심
真 逆 ま　さか　마 사까 (설마)	**真 下** ま　した　마 시다 (바로 밑)
真夏(まなつ・마나쓰) 한여름 真昼(まひる・마히루) 대낮 逆様(さかさま・사까사마) 거꾸로 逆立ち(さかたち・사까다찌) 물구나무	真裏(まうら・마우라) 바로 뒤쪽 真実(しんじつ・신지쓰) 진실 下地(したじ・시다지) 밑바탕 下塗り(したぬり・시다누리) 밑칠

ま行

真面目 (まじめ) 마 지 메 (착실함, 진실됨)	間代 (まだい) 마 다이 (집세)
真っ向(まっこう・맛꼬오) 바로 정면 真空(しんくう・싱꾸우) 진공 断面(だんめん・단멩) 단면 目下(めした・메시다) 손아래	間取り(まどり・마도리) 방의 배치 間に合う(まにあう・마니아우) 신간 　　에 대다 代表(たいひょう・다이효오) 대표 代理(たいり・다이리) 대리
瞬く間 (またたくま) 마다다 꾸 마 (순식간)	待合 (まちあい) 마찌 아이 (대합실)
瞬き(またたき・마다다끼) 눈을 깜 　　빡거림 一瞬(いっしゅん・잇슝) 순간 間も無く(まもなく・마모나꾸) 이윽고	待明かし(まちあかし・마찌아까시) 　　밤새 기다림 待ち焦れ(まちこがれ・마찌고가레) 　　애타게 기다림 合作(がっさく・갓사꾸) 합작
間近 (まちか) 마 지까 (바로 곁, 　가까이)	間違い (まちがい) 마 찌가 이 (잘못)
間数(まかず・마가즈) 방의 수 間諜(かんちょう・간쬬오) 간첩 近寄る(ちかよる・지까요루) 접근함 近世(きんせい・긴세이) 근세	間怠い(まだるい・마다루이) 미적 　　지근함 年間(ねんかん・넹깡) 연간 違い目(ちがいめ・지가이메) 다른 점 違背(いはい・이하이) 위배

ま行

町 まち 마찌	**角** かど 가도	(길모 퉁이)
町中(まちなか・마찌나까) 시내 町場(まちば・마찌바) 상점가 角店(かどみせ・가도미세) 모퉁이 　　의 가게 頭角(とうかく・도오까꾸) 두각		
真 ま 맛	**っ暗** くら 꾸라	(암흑)
真っ赤(まっか・맛까) 새빨갛다 真っ只中(まっただなか・맛다다나 　　까) 한복판 暗闇(くらやみ・구라야미) 칠흑 暗号(あんごう・앙고오) 암호		
真 ま 맛	**っ直ぐ** す ぐ 스 구	(곧장, 곧바로)
真っ黒(まっくろ・맛구로) 까맣다 真っ白(まっしろ・맛시로) 하얗다 直接(ちょくせつ・죠꾸세쓰) 직접 直面(ちょくめん・죠꾸멩) 직면		

区 まち 마찌	**区** まち 마찌	(구구각색, 가지가지)
区域(くいき・구이끼) 구역 区政(くせい・구세이) 구의 행정 区別(くべつ・구베쓰) 구별		
真 ま 맛	**っ先** さき 사끼	(맨먼저)
真っ裸(まっぱだか・맛빠다까) 알몸 真価(しんか・싱까) 진가 先駆け(さきがけ・사끼가께) 선구 先手(せんて・센떼) 선수		
真 ま 맛	**っ平** ぴら 삐라	(질색)
真っ二つ(まっぷたつ・맛뿌다쓰) 　　딱 절반 真剣(しんけん・싱껭) 진지함 平手(ひらて・히라떼) 손바닥 平場(ひらば・히라바) 평지		

ま行

的外れ まと はず れ 마도 하즈 레 (빗나감)	**窓辺** まど べ 마도 베 (창가)
的場(まとば・마도바) 활터 的中(てきちゅう・데끼쮸우) 적중 外敵(がいてき・가이떼끼) 외적 外套(がいとう・가이또오) 외투	窓掛け(まどかけ・마도가께) 커튼 窓口(まどぐち・마도구찌) 창구 上辺(うわべ・우와베) 위쪽 浜辺(はまべ・하마베) 바닷가
真夏 ま なつ 마 나쓰 (한여름)	**真人間** ま にん げん 마 닝 겡 (참된 사람)
真正面(ましょうめん・마쇼오멩) 정면 真犯(しんはん・싱항) 진범 夏休み(なつやすみ・나쓰야스미) 여름휴가 初夏(しょか・쇼까) 초여름	真珠(しんじゅ・신쥬) 진주 真情(しんじょう・신죠오) 진정 人格(じんかく・징까꾸) 인격 間隙(かんげき・강게끼) 간격
間抜け ま ぬ け 마 누 께 (바보, 얼간이)	**真似** ま ね 마 네 (흉내)
間合い(まあい・마아이) 타이밍 民間(みんかん・밍깡) 민간 抜出し(ぬけだし・누께다시) 탈출 抜擢(ばってき・밧떼끼) 발탁	真水(まみず・마미즈) 맹물 写真(しゃしん・샤싱) 사진 酷似(こくじ・고꾸지) 흡사 類似(るいじ・루이지) 유사

ま行

目映い (눈부시다) 마 바유 이 ま ばゆ い	**豆本** (휴대용의 작은 책) 마메 홍 まめ ほん
目深(まぶか・마부까) 눌러씀 目縁(まぶち・마부찌) 눈가 映画(えいが・에이가) 영화 反映(はんえい・항에이) 반영	豆油(まめあぶら・마메아부라) 콩기름 豆炭(まめたん・마메땅) 조개탄 本性(ほんせい・혼세이) 본성 本能(ほんのう・혼노오) 본능
丸太 (통나무) 마루 따 まる た	**満更** (그다지) 만 자라 まん ざら
丸損(まるそん・마루송) 손해만 봄 砲丸(ほうがん・호오강) 포환 太平(たいへい・다이헤이) 태평 太陽(たいよう・다이요오) 태양	満員(まんいん・망잉) 만원 満足(まんぞく・만소꾸) 만족 今更(いまさら・이마사라) 새삼스럽게 殊更(ことさら・고도사라) 한층더
真ん中 (한가운데) 만 나까 ま なか	**万引き** (훔쳐내다) 만 비 끼 まん び き
真っ青(まっさお・맛사오) 창백함 真相(しんそう・신소오) 진상 中中(なかなか・나까나까) 제법 中程(なかほど・나까호도) 중간쯤	万一(まんいち・망이찌) 만일 万全(ばんぜん・반젱) 만전 引き立つ(ひきたつ・히끼다쓰) 돋 보임 引率(いんそつ・인소쓰) 인솔

ま行

見合い (맞선) 미 아 이	身内 (집안, 미 우찌 일가)
見越し(みこし·미꼬시) 예측	身拵え(みごしらえ·미고시라에) 몸차림
偏見(へんけん·헹껭) 편견	身の程(みのほど·미노호도) 분수
試合(しあい·시아이) 시합	内気(うちき·우찌끼) 내성적
複合(ふくごう·후꾸고오) 복합	内通(ないつう·나이쓰우) 내통
見栄 (허세, 미 에 겉치레)	見送り (전송) 미 오꾸 리
見覚え(みおぼえ·미오보에) 본 기억	見落し(みおとし·미오도시) 못보 고 넘김
見物(けんぶつ·껜부쓰) 구경	見抜く(みぬく·미누꾸) 꿰뚫다
栄華(えいが·에이가) 영화	送り状(おくりじょう·오꾸리죠오) 운송장
栄転(えいてん·에이뗑) 영전	送電(そうでん·소오뎅) 송전
見掛け (겉보기, 미 까 께 외관)	味方 (한 패, 미 까다 우리편)
見切り(みきり·미끼리) 단념	味覚(みかく·미까꾸) 미각
見聞(けんぶん·껜붕) 견문	後味(あとあじ·아도아지) 뒷맛
掛金(かけがね·가께가네) 빗장	母方(ははかた·하하가따) 외가쪽
掛算(かけざん·가께장) 곱셈	遠方(えんぽう·엔뽀오) 먼 곳

ま行

見 方（み・かた） 미　　까따	(보는 방법)	三 日 月（み・か・づき） 미　까　스끼	(초승달)

見破り(みやぶり・미야부리) 간파
見解(けんかい・겡까이) 견해
大方(おおかた・오오까따) 대략
片方(かたほう・가따호오) 한쪽

三日(みっか・밋까) 초사흘
三つ角(みつかど・미쓰가도) 삼각
月頭(つきがしら・쓰기가시라) 월초
明月(めいげつ・메이게쓰) 명월

身 勝 手（み・がって） 미　갓　떼	(방자함)	右 手（みぎ・て） 미기　　떼	(오른손, 오른쪽)

身代り(みがわり・미가와리) 대역
身繕い(みづくろい・미즈꾸로이)
　　　몸차림
勝手(かって・갓떼) 멋대로

右腕(みぎうで・미기우데) 오른팔
右側(みぎがわ・미기가와) 오른쪽
手筈(てはず・데하즈) 준비
両手(りょうて・료오떼) 두 손

見 切 り（み・き・り） 미　끼　리	(단념)	見 事（み・ごと） 미　고또	(훌륭함)

見下げる(みさげる・미사게루) 멸시하다
見知らぬ(みしらぬ・미시라누) 낯선
切上げ(きりあげ・기리아게) 끝을
　　　맺다
切取り(きりとり・기리도리) 절취

見習い(みならい・미나라이) 견습
見守る(みまもる・미마모루) 지켜봄
事柄(ことがら・고도가라) 사항
行事(ぎょうじ・교오지) 행사

ま行

見 込 み (가망, み こ み 미 꼬 미 가능성)	**見 境** (분별, み さかい 미 사까이 구별)
見積り(みつもり・미쓰모리) 견적 見做す(みなす・미나스) 간주하다 込合い(こみあい・고미아이) 혼잡 申込み(もうしこみ・모오시꼬미) 신청	見比べ(みくらべ・미꾸라베) 비교 見苦しい(みぐるしい・미구루시이) 보기흉함 境目(さかいめ・사까이메) 경계선 国境(こっきょう・곳꾜오) 국경
身 支 度 (몸차림) み じ たく 미 지 다꾸	**微 塵** (조금, み じん 미 징 추호)
身嗜み(みだしなみ・미다시나미) 몸차림 身悶え(みもだえ・미모다에) 몸부림 支配(しはい・시하이) 지배 密度(みつど・미쓰도) 밀도	微笑み(ほほえみ・호호에미) 미소 軽微(けいび・게이비) 경미 塵埃(じんあい・징아이) 먼지 塵箱(ちりばこ・지리바꼬) 휴지통
鳩 尾 (명치) みず おち 미즈 오찌	**水 際** (물가, みず ぎわ 미즈 기와 물근처)
鳩胸(はとむね・하도무네) 새가슴 鳩目(はとめ・하도메) 끈을 꿰기 위한 구멍 尻尾(しっぽ・싯뽀) (동물) 꼬리	水溜り(みずたまり・미즈다마리) 물 웅덩이 水平(すいへい・스이헤이) 수평 際立ち(きわだち・기와다찌) 두드러짐 窓際(まどぎわ・마도기와) 창가

ま行

水差し (물병, みず さ 미즈 사 시 물주전자)	水虫 (물벌레, みず むし 미즈 무시 무좀)
水瓶(みずがめ・미즈가메) 물항아리 水着(みずぎ・미즈기) 수영복 差押え(さしおさえ・사시오사에) 차압 差込み(さしこみ・사시꼬미) 꽂음	水柱(みずばしら・미즈바시라) 물기둥 水晶(すいしょう・스이쇼오) 수정 虫歯(むしば・무시바) 충치 害虫(がいちゅう・가이쮸우) 해충
店構え (점포의 みせ がま え 미세 가마 에 구조)	見世物 (구경거리) み せ もの 미 세 모노
店先(みせさき・미세사끼) 가게 앞 売店(ばいてん・바이뗑) 매점 門構え(もんがまえ・몽가마에) 대 문의 구조 機構(きこう・기꼬오) 기구	見極め(みきわめ・미끼와메) 확인 見通し(みとおし・미도오시) 전망 世界(せかい・세까이) 세계 物凄い(ものすごい・모노스고이) 기막힘
未曾有 (미증유) み ぞ う 미 조 우	身空 (몸, 신세) み そら 미 조라
未知(みち・미찌) 미지 未来(みらい・미라이) 미래 曾祖(そうそ・소오소) 증조부 有力(ゆうりょく・유우료꾸) 유력	身重(みおも・미오모) 몸이 무거 움, 임신중 身構え(みがまえ・미가마에) 몸가짐 大空(おおぞら・오오조라) 넓은 하늘 空虚(くうきょ・구우꾜) 공허

ま行

道連れ みち づ れ (미찌 즈 레) (길동무, 동행)	**道端** みち ばた (미찌 바다) (길가)
道筋(みちすじ・미찌스지) 코스	道程(みちのり・미찌노리) 도정
車道(しゃどう・샤도오) 차도	仏道(ぶつどう・부쓰도오) 불도
連合(れんごう・렝고오) 연합	端麗(たんれい・단레이) 단려
連絡(れんらく・렌라꾸) 연락	極端(きょくたん・교꾸땅) 극단
見晴し み はら し (미 하라 시) (전망, 조망)	**見張り** み は り (미 하 리) (감시)
見下ろす(みおろす・미오로스) 깔보다	見応え(みごたえ・미고다에) 볼품
見学(けんがく・겡가꾸) 견학	見栄(みばえ・미바에) 근사함
晴曇(せいどん・세이동) 맑고 흐림	張本人(ちょうほんにん・죠오혼닝) 장본인
快晴(かいせい・가이세이) 쾌청	
身分 み ぶん (미 봉) (신분, 지위)	**見本** み ほん (미 홍) (견본, 본보기)
身振り(みぶり・미부리) 몸짓	見入る(みいる・미이루) 주시함
身持ち(みもち・미모찌) 몸가짐	見定め(みさだめ・미사다메) 확인
分業(ぶんぎょう・붕교오) 분업	本気(ほんき・홍끼) 진정, 진심
充分(じゅうぶん・쥬우봉) 충분	本人(ほんにん・혼닝) 본인

ま行

見舞い (문안, 위안) み ま い 미 마 이	耳打ち (귓속말) みみ う ち 미미 우 찌
見様(みざま・미자마) 볼품 見分け(みわけ・미와께) 분별 舞姫(まいひめ・마이히메) 무희 群舞(ぐんぶ・군부) 군무	耳垢(みみあか・미미아까) 귀지 耳飾り(みみかざり・미미가자리) 귀걸이 打切り(うちきり・우찌끼리) 중단 乱打(らんだ・란다) 난타
見目 (겉모양, 외관) み め 미 메	土産 (선물) み やげ 미 야게
見劣り(みおとり・미오도리) 못해 보임 見縊る(みくびる・미꾸비루) 깔보다 目色(めいろ・메이로) 눈빛 目尻(めじり・메지리) 눈꼬리	土着(どちゃく・도쨔꾸) 토착 風土(ふうど・후우도) 풍토 産地(さんち・산찌) 산지 出産(しゅっさん・슛상) 출산
都落ち (낙향) みやこ お ち 미야꼬 오 찌	宮仕え (벼슬살이, 관청생활) みや づか え 미야 즈까 에
都育ち(みやこそだち・미야꼬소다찌) 도시 태생 都会(とかい・도까이) 도시 落着き(おちつき・오찌쓰끼) 침착 落度(おちど・오찌도) 실수	宮守(みやもり・미야모리) 궁지기 神宮(じんぐう・징구우) 신궁 仕方(しかた・시까다) 방법 奉仕(ほうし・호오시) 봉사

ま行

<ruby>冥<rt>みょう</rt></ruby> <ruby>加<rt>が</rt></ruby> (신불의 가호) 묘오 가	<ruby>身<rt>み</rt></ruby> <ruby>寄<rt>よ</rt></ruby> り (친척, 일가) 미 요 리
冥利(みょうり・묘오리) 영광된 행복 冥福(めいふく・메이후꾸) 명복 加盟(かめい・가메이) 가맹 参加(さんか・상까) 참가	身籠る(みごもる・미고모루) 임신하다 身の丈(みのたけ・미노다께) 키 寄合い(よりあい・요리아이) 집회 寄託(きたく・기 따꾸) 기탁
<ruby>無<rt>む</rt></ruby> <ruby>一<rt>いち</rt></ruby> <ruby>文<rt>もん</rt></ruby> (무일푼) 무 이찌 몽	<ruby>向<rt>むか</rt></ruby> い <ruby>側<rt>かわ</rt></ruby> (맞은편) 무까 이 가와
無題(むだい・무다이) 무제 無電(むでん・무뎅) 무전 一味(いちみ・이찌미) 일당 文句(もんく・몽꾸) 잔소리	向い風(むかいかぜ・무까이가제) 맞바람 向き直る(むきなおる・무끼나오루) 돌아섬 右側(みぎがわ・미기가와) 오른쪽 両側(りょうがわ・료오가와) 양쪽
<ruby>無<rt>む</rt></ruby> <ruby>口<rt>くち</rt></ruby> (말이 적음) 무 구찌	<ruby>向<rt>むこ</rt></ruby> う <ruby>見<rt>み</rt></ruby> ず (무모, 경솔) 무꼬 우 미 즈
無慈悲(むじひ・무지히) 무자비 無能(むのう・무노오) 무능 口説き(くどき・구도끼) 설득 陰口(かげくち・가게구찌) 험담	向う岸(むこうきし・무꼬오기시) 강건너 向上(こうじょう・고오죠오) 향상 見物(みもの・미모노) 구경거리 見学(けんがく・겡가꾸) 견학

無下 む げ 무 게 (함부로, 딱잘라)	無残 む ざん 무 장 (끔찍함, 잔혹)
無断(むだん・무당) 무단 無料(むりょう・무료오) 무료 下校(げこう・게꼬오) 하교 下宿(げしゅく・게슈꾸) 하숙	無試験(むしけん・무시껭) 무시험 無心(むしん・무싱) 무심 残酷(ざんこく・장꼬꾸) 잔혹 残念(ざんねん・잔넹) 안타깝다
無邪気 む じゃ き 무 쟈 끼 (순진함)	無性 む しょう 무 쇼오 (공연히, 까닭없이)
無数(むすう・무스우) 무수 無道(むどう・무도오) 무도 邪心(じゃしん・쟈싱) 사심 気性(きしょう・기쇼오) 성미	無期(むき・무끼) 무기 無欠(むけつ・무께쓰) 무결 根性(こんじょう・곤죠오) 근성 性能(せいのう・세이노오) 성능
虫の息 むし いき 무시 노 이끼 (끊어져 가는 숨)	虫目鏡 むし め がね 무시 메 가네 (확대경)
虫酸(むしず・무시즈) 신물 弱虫(よわむし・요와무시) 약골 息抜き(いきぬき・이끼누끼) 숨을 돌림 息の根(いきのね・이끼노네) 숨통	虫下し(むしくだし・무시구다시) 회충약 虫腹(むしばら・무시바라) 횟배 眼目(がんもく・간모꾸) 안목 鏡台(きょうだい・교오다이) 경대

ま行

蒸し暑い　(무덥다) あつ む 무 시 아쓰 이	息子　(아들) むす　こ 무스　꼬
蒸し返す (むしかえす・무시까에스) 되찌다 蒸し鍋(むしなべ・무시나베) 찜통 暑さ(あつさ・아쓰사) 더위 酷暑(こくしょ・고꾸쇼) 혹서	利息(りそく・리소꾸) 이자 吐息(といき・도이끼) 한숨 継子(ままこ・마마꼬) 의붓자식 弟子(でし・데시) 제자
結び目　(매듭) むす　び　め 무스　비　메	無造作　(신중치 む ぞう さ　못함) 무 조오 사
結び付き(むすびつき・무스비쓰끼) 결부 結果(けっか・겟까) 결과 目端(めはし・메하시) 눈치. 재치 目盛り(めもり・메모리) 눈금	無限(むげん・무겡) 무한 無視(むし・무시) 무시 造詣(ぞうけい・조오께이) 조예 作法(さほう・사호오) 예의범절
無駄　(헛일) む　だ 무　다	無駄骨　(헛수고) む　だ　ぼね 무　다　보네
無情(むじょう・무죠오) 무정 無法(むほう・무호오) 무법 駄作(ださく・다사꾸) 타작 下駄(げた・게다) 나막신	無駄口(むだぐち・무다구찌) 잡담 無駄死(むだじに・무다지니) 개죽음 無駄使い(むだづかい・무다쓰까이) 낭비

ま行

無 む **茶** ちゃ (엉망) 무 짜	**夢** む **中** ちゅう (정신없음) 무 쥬우

無私(むし·무시) 무사

無恥(むち·무찌) 무치

茶店(ちゃみせ·쟈미세) 찻집

喫茶(きっさ·깃사) 끽다. 차를 마심

悪夢(あくむ·아꾸무) 악몽

吉夢(きちむ·기찌무) 길몽

中継(ちゅうけい·쥬우께이) 중계

中性(ちゅうせい·쥬우세이) 중성

無 む **手** て (맨손) 무 떼	**無** む **鉄** てっ **砲** ぽう (무모, 경솔) 무 뎃 뽀오

無責任(むせきにん·무세끼닝) 무책임

無賃(むちん·무찡) 무임

手不足(てぶそく·데부소꾸) 일손부족

手法(しゅほう·슈호오) 수법

無冠(むかん·무깡) 무관

無条件(むじょうけん·무죠오껭)
　　　무조건

鉄砲(てっぽう·뎃뽀오) 총, 소총

無 む **頓** とん **着** ちゃく (무관심) 무 돈 쨔꾸	**胸** むな **倉** ぐら (멱살) 무나 구라

無常(むじょう·무죠오) 무상

無敵(むてき·무데끼) 무적

頓挫(とんざ·돈자) 좌절

着陸(ちゃくりく·쟈꾸리꾸) 착륙

胸先(むなさき·무나사끼) 앞가슴

胸騒ぎ(むなさわぎ·무나사와기)
　　　설레임, 두근거림

倉荷(くらに·구라니) 입고화물

倉庫(そうこ·소오꼬) 창고

ま行

胸算用 (むな さん よう) 무나 상 요오 (속셈, 꿍꿍이속)	無 念 (む ねん) 무 넹 (분함, 억울함)
胸板(むないた・무나이다) 앞가슴 胸焼け(むなやけ・무나야께) 가슴 앓이 算定(さんてい・산떼이) 산정 用途(ようと・요오또) 용도	無声(むせい・무세이) 무성 無理(むり・무리) 무리 念珠(ねんじゅ・넨쥬) 염주 念仏(ねんぶつ・넨부쓰) 염불
無 論 (む ろん) 무 롱 (물론)	目当て (め あ て) 메 아 떼 (목표, 목적)
無線(むせん・무셍) 무선 無知(むち・무찌) 무지 論争(ろんそう・론소오) 논쟁 勿論(もちろん・모찌롱) 물론	目隠し(めかくし・메가꾸시) 눈가림 目眩み(めらみ・메꾸라미) 현기증 当て所(あてど・아떼도) 목적지 当逃げ(あてにげ・아떼니게) 뺑소니
名 刺 (めい し) 메이 시 (명함)	迷 惑 (めい わく) 메이 와꾸 (폐가 됨)
名人(めいじん・메이징) 명인 名物(めいぶつ・메이부쓰) 명물 刺客(しかく・시까꾸) 자객 刺激(しげき・시게끼) 자극	迷宮(めいきゅう・메이뀨우) 미궁 迷夢(めいむ・메이무) 미몽 疑惑(ぎわく・기와꾸) 의혹 困惑(こんわく・공와꾸) 곤혹

ま行

目_め上_{うえ} (손위사람) 메 우에	目_め方_{かた} (무게) 메 까다

目頭(めがしら・메가시라) 눈시울	目垢(めあか・메아까) 눈꼽
黒目(くろめ・구로메) 검은눈	目色(めいろ・메이로) 눈빛
上下(うえした・우에시다) 상하	朝方(あさがた・아사가다) 해뜰 무렵
上空(じょうくう・죠오꾸우) 상공	方途(ほうと・호오또) 방도

眼_め鏡_{がね} (안경) 메 가네	女_め神_{がみ} (여신) 메 가미

眼薬(めぐすり・메구스리) 안약	女敵(めがたき・메가다끼) 아내의 간부
眼疾(がんしつ・간시쓰) 안질	乙女(おとめ・오또메) 처녀
鏡台(きょうだい・교오다이) 경대	神様(かみさま・가미사마) 하느님
明鏡(めいきょう・메이꾜오) 명경	神業(かみわざ・가미와자) 신의 조화

盲_{めくら}滅_{めっ}法_{ぽう} (무턱대 메꾸라 멧 뽀오 고 함)	目_め障_{ざわ}り (눈에 메 자와 리 거슬림)

盲判(めくらばん・메꾸라방) 잘 모 르고 도장을 찍음	目顔(めがお・메가오) 눈짓
明盲(あきめくら・아끼메꾸라) 눈뜬 장님	盲目(もうもく・모모모꾸) 맹목
滅法(めっぽう・멧뽀오) 기막힘	差障り(さしさわり・사시사와리) 지장
	故障(こしょう・고쇼오) 고장

ま行

召使い (심부름꾼) めし つか い 메시 쓰까 이	**目玉** (눈알, め だま 눈깔) 메 다마
召上る(めしあがる・메시아가루) 드시다 召命(しょうめい・쇼오메이) 소명 小使い(こづかい・고즈까이) 소사 使臣(しん・시싱) 사신	目先(めさき・메사끼) 눈 앞 目前(もくぜん・모꾸젱) 목전 玉無し(たまなし・다마나시) 못쓰게 됨 玉葉(ぎょくよう・교꾸요오) 옥엽
滅茶 (터무니 め ちゃ 없음) 메 쨔	**滅相** (당치않음) めっ そう 멧 소오
滅金(めっき・멧끼) 도금 滅私(めっし・멧시) 멸사 茶色(ちゃいろ・쨔이로) 다색 茶菓子(ちゃかし・쨔가시) 다과	滅菌(めっきん・멧낑) 멸균 明滅(めいめつ・메이메쓰) 명멸 相談(そうだん・소오당) 상담 相場(そうば・소오바) 상장
滅多 (좀체로, めっ た 무분별) 멧 따	**滅法** (기막힘, めっ ぽう 보기드뭄) 멧 뽀오
滅種(めっしゅ・멧슈) 멸종 滅亡(めつぼう・메쓰보오) 멸망 多少(たしょう・다쇼오) 다소 多忙(たぼう・다보오) 다망	死滅(しめつ・시메쓰) 사멸 撲滅(ぼくめつ・보꾸메쓰) 박멸 法科(ほうか・호오까) 법과 法官(ほうかん・호오깡) 법관

ま行

目 出 度 (경사스럽다) 메 데 따이	**芽 生 え** (싹틈, 메 바 에 움트다)
目覚(めさめ・메사메) 눈뜸 目差す(めさす・메사스) 지향하다 出口(でぐち・데구찌) 출구 温度(おんど・온도) 온도	芽ぐむ(めぐむ・메구무) 싹트다 芽立ち(めだち・메다찌) 싹이 틈 生え抜き(はえぬき・하에누끼) 본토박이
目 鼻 (윤곽) 메 바나	**目 星** (목표, 메 보시 짐작)
目立つ(めだつ・메다쓰) 눈에 띄다 目抜き(めぬき・메누끼) 번화가 鼻血(はなぢ・하나지) 코피 鼻柱(はなばしら・하나바시라) 콧대	目下(めした・메시다) 손아래 目違い(めちがい・메지가이) 잘못 봄 星明り(ほしあかり・호시아까리) 별빛 星目(ほしめ・호시메) 삼눈
目 盛 り (눈금) 메 모 리	**面 倒** (귀찮음, 멘 도오 수고로움)
目積り(めづもり・메즈모리) 눈대중 目脂(めやに・메야니) 눈꼽 盛返し(もりかえし・모리까에시) 만회 旺盛(おうせい・오오세이) 왕성	面駁(めんばく・멘빠꾸) 면박 片面(かためん・가다멩) 한쪽면 倒壊(とうかい・도오까이) 도괴 転倒(てんとう・덴또오) 전도

ま行

面 目 (면목) めん ぼく 멘 보꾸	**面 妖** (괴이함, めん よう 아릇함) 멘 요오
面積(めんせき・멘세끼) 면적 体面(たいめん・다이멩) 체면 目的(もくてき・모꾸떼끼) 목적 注目(ちゅうもく・쥬우모꾸) 주목	面責(めんせき・멘세끼) 면책 面貌(めんぼう・멘보오) 면모 妖鬼(ようき・요오끼) 요귀 妖婦(ようふ・요오후) 요부
申し入れ (신청) もう い 모오시 이 레	**申し子** (점지해주 もう ご 신 아이) 모오 시 고
申上げ(もうしあげ・모오시아게) 말씀드림 申合せ(もうしあわせ・모오시아와세) 합의 入替え(いれかえ・이레가에) 교체 入婿(いりむこ・이리무꼬) 데릴사위	申兼ね(もうしかね・모오시가네) 말 하기 힘듬 申立て(もうしたて・모오시다데) 주장 子倅(こせがれ・고세가레) 애숭이 子分(こぶん・고붕) 부하・졸개
申込み (신청) もうし こ 모오시 꼬 미	**申開き** (변명, もうし ひら 해명) 모오시 히라 끼
申受け(もうしうけ・모오시우께)삼가 받다 申述べ(もうしのべ・모오시노베) 말씀드리다 込合い(こみあい・고미아이) 붐비다 聞込み(ききこみ・기끼꼬미) 탐문	申し出(もうしで・모오시데) 신청 申し分(もうしぶん・모오시붕) 할말 開き戸(ひらきど・히라끼도) 여닫게 된 문 開港(かいこう・가이꼬오) 개항

ま行

申し訳 (변명, 해명) もう わけ 모오 시 와께	**毛頭** (전혀, 추호도) もう とう 모오 또오
申込み(もうしこみ・모오시꼬미) 신청 申付け(もうしづけ・모오시쓰께) 명령 訳合い(わけあい・와께아이) 까닭 訳無い(わけない・와께나이) 문제 없다	毛布(もうふ・모오후) 담요 毛虫(けむし・게무시) 송충이 頭目(とうもく・도오모꾸) 두목 頭痛(ずつう・즈쓰우) 두통
目論見 (의도, 심산) もく ろ み 모꾸 로 미	**持主** (임자) もち ぬし 모찌 누시
目礼(もくれい・모꾸레이) 목례 目録(もくろく・모꾸로꾸) 목록 論述(ろんじゅつ・론쥬쓰) 논술 見方(みかた・미까따) 관찰법	持込み(もちこみ・모찌꼬미) 지입 持参(じさん・지상) 지참 飼主(かいぬし・가이누시) 기른 사람 主人(しゅじん・슈징) 주인
持場 (부서, 담당장소) もち ば 모찌 바	**餅屋** (떡가게) もち や 모찌 야
持株(もちかぶ・모찌가부) 소유주식 支持(しじ・시지) 지지 牧場(まきば・마끼바) 목장 場外(じょうがい・죠오가이) 장외	餅草(もちぐさ・모찌구사) 쑥 餅膚(もちはだ・모찌하다) 매끈한 살결 屋上(おくじょう・오꾸죠오) 옥상 小屋(こや・고야) 오두막

ま行

もっ 勿 못 け 怪 께 (의외, 뜻하지 않음)	もっ 勿 못 たい 体 따이 (거드름, 거만)
勿論(もちろん・모찌롱) 물론 怪人(かいじん・가이징) 괴인 怪談(かいだん・가이당) 괴담	勿体無い (もったいない・못따이나이) 아깝다 体格(たいかく・다이까꾸) 체격 体制(たいせい・다이세이) 체제
もと 元 모도 で 手 데 (자본, 밑천)	もの 物 모노 おき 置 오끼 (헛간, 곳간)
元帳(もとちょう・모도쬬오) 원장 元値(もとね・모도네) 원가 手出し(てだし・데다시) 손찌검 手交(しゅこう・슈꼬오) 수교	物堅い(ものがたい・모노가따이) 견실함 物心(ものごころ・모노고꼬로) 물정 置換え(おきかえ・오끼까에) 바꿔놓음 置時計(おきとけい・오끼도께이) 탁상시계
もの 物 모노 ごし 腰 고시 (태도, 행동)	もの 物 모노 さ 差 사 し 시 (자, 기준)
物語(ものがたり・모노가다리) 이야기 産物(さんぶつ・산부쓰) 산물 腰骨(こしぼね・고시보네) 허리뼈 腰巻き(こしまき・고시마끼) 여자의 속옷	物思い(ものおもい・모노오모이) 근심 禁物(きんもつ・긴모쓰) 금물 差別(さべつ・사베쓰) 차별 誤差(ごさ・고사) 오차

ま行

物 知 り (박식한 사람) もの し 모노 시 리	**物 見** (구경, 관광) もの み 모노 미
物乞い(ものごい・모노고이) 거지 物持ち(ものもち・모노모찌) 재산가 知合い(しあい・시리아이) 아는 사람 知覚(ちかく・지까꾸) 지각	物売り(ものうり・모노우리) 행상 物真似(ものまね・모노마네) 흉내 見習い(みならい・미나라이) 견습 見地(けんち・겐찌) 견지
最 早 (이미, 벌써) も はや 모 하야	**模 様** (무늬, 도안) も よう 모 요오
最悪(さいあく・사이아꾸) 최악 最終(さいしゅう・사이슈우) 최종 早引き(はやびき・하야비끼) 조퇴 早目(はやめ・하야메) 일찌감치	模擬(もぎ・모기) 모의 模範(もはん・모항) 모범 様子(ようす・요오스) 모양 奥様(おくさま・오꾸사마) 마님
最 寄 り (가장 가까운 근처) も よ り 모 요 리	**門 番** (문지기, 수위) もん ばん 몬 방
最近(さいきん・사이낑) 최근 最期(さいご・사이고) 최후 寄り付き(よりつき・요리쓰끼) 접근 寄港(きこう・기꼬오) 기항	門戸(もんこ・몽꼬) 문호 開門(かいもん・가이몽) 개문 番犬(ばんけん・방껭) 파수보는 개 当番(とうばん・도오방) 당번

や行

八百屋 (채소가게) やおや 야 오 야	喧し屋 (잔소리꾼) やかましや 야까마 시 야
八百(やお・야오) 8백, 다수 百人(ひゃくにん・햐꾸닝) 백명 八百(はっぴゃく・핫뺘꾸) 8백 時計屋(とけいや・도께이야) 시계포	喧嘩(けんか・겡까) 싸움 喧噪(けんそう・겐소오) 떠들썩함 屋号(おごう・오꾸고오) 옥호 魚屋(さかなや・사까나야) 생선가게
薬缶 (주전자) や かん 야 깡	焼芋 (군고구마) やき いも 야끼 이모
薬草(やくそう・야꾸소오) 약초 薬屋(くすりや・구스리야) 약국 缶切り(かんきり・강끼리) 깡통따개 缶詰(かんづめ・간즈메) 통조림	焼き飯(やきめし・야끼메시) 볶음밥 焼け野(やけの・야께노) 불탄 들 芋虫(いもむし・이모무시) 나방의 유충 芋名月(いもめいげつ・이모메이게 쓰) 음력 추석
焼餅 (구운 떡, やき もち 야끼 모찌 질투)	役者 (배우) やく しゃ 야꾸 샤
焼肉(やきにく・야끼니꾸) 구운 고기 焼増し(やきまし・야끼마시) 인화 餅屋(もちや・모찌야) 떡가게 麦餅(むぎもち・무기모찌) 보리떡	役立つ(やくだつ・야꾸다쓰) 도움이 됨 役名(やくめい・야꾸메이) 직무의 이름 医者(いしゃ・이샤) 의사 使者(ししゃ・시샤) 사자

や行

役所 (관청, 관공서) やく しょ 야꾸 쇼	役人 (관리, 공무원) やく にん 야꾸 닝
役得(やくとく・야꾸도꾸) 부수입 役回り(やくまわり・야꾸마와리) 직무 所持(しょじ・쇼지) 소지 所長(しょちょう・쇼쬬오) 소장	役軍(やくぐん・야꾸궁) 역군 適役(てきやく・데끼야꾸) 적역 人称(にんしょう・닌쇼오) 인칭 賢人(けんじん・겐징) 현인
役目 (역할) やく め 야꾸 메	役割 (역할) やく わり 야꾸 와리
役柄(やくがら・야꾸가라) 직무의 성질 役儀(やくぎ・야꾸기) 소임 目当て(めあて・메아떼) 목표 人目(ひとめ・히도메) 남의 눈・이목	役員(やくいん・야꾸잉) 역원. 임원 戦役(せんえき・셍에끼) 전역 割当(わりあて・와리아떼) 할당 割算(わりざん・와리장) 나눗셈
自棄糞 (자포자기) や け くそ 야 께 구소	矢先 (화살끝, 순간) や さき 야 사끼
自棄酒(やけざけ・야께자께) 홧술 自棄っ腹(やけっぱら・야껫빠라) 자포자기 糞尿(ふんにょう・훈뇨오) 분뇨	矢口(やくち・야구찌) 상처 矢尻(やじり・야지리) 화살촉 先立つ(さきだつ・사끼다쓰) 앞섬 先任(せんにん・센닝) 선임

や行

弥^や次^じ馬^{うま} (구경꾼) 야 지 우마	屋^や 敷^{しき} (집, 저택) 야 시끼
弥次(やじ・야지) 야유 次第(しだい・시다이) 차츰 次男坊(じなんぼう・지난보오) 　　　　둘째아들 競馬(けいば・게이바) 경마	屋形(やかた・야까다) 저택 問屋(とんや・동야) 도매상 敷革(しきがわ・시끼가와) 모피깔개 下敷き(したじき・시다지끼) 받침
矢^や 印^{じるし} (화살표) 야 지루시	安^{やす}売^うり (염가판매) 야스 우 리
矢筒(やづつ・야즈쓰) 화살통 矢来(やらい・야라이) 대나무 울타리 目印(めじるし・메지루시) 표시 印象(いんしょう・인쇼오) 인상	安安(やすやす・야스야스) 손쉽게 安値(やすね・야스네) 싼값 売切れ(うりきれ・우리끼레) 매진 売れ高(うれだか・우레다까) 매상고
安^{やす} 物^{もの} (싼 물건) 야스 모노	矢^や 鱈^{たら} (무턱대고) 야 다라
安目(やすめ・야스메) 비교적 쌈 安住(あんじゅう・안쥬우) 안주 物心(ものごころ・모노고꼬로) 철 物知り(ものしり・모노시리) 박식 　　　　한 사람	矢束(やつか・야쓰까) 화살의 길이 矢継ぎ早(やつぎばや・야쓰기바야) 　　　　연달아 鱈子(たらこ・다라꼬) 대구알

や行

や ちん 家 賃 (집세) 야 찡	やっ あた 八 当 り (좌충우돌) 야쓰 아다 리
家捜し(やさがし・야사가시) 집수색 家風(かふう・가후우) 가풍 賃金(ちんぎん・징낑) 임금 運賃(うんちん・운찡) 운임	八つ切り(やつぎり・야쓰기리) 8절판 八つ手(やつで・야쓰데) 팔손이나무 当散らし(あたりちらし・아다리지라 시) 화풀이 食当り(しょくあたり・쇼꾸아다리) 식체
やっ かい 厄 介 (귀찮음, 폐) 얏 까이	やど ちょう 宿 帳 (숙박부) 야도 쬬오
厄年(やくどし・야꾸도시) 액년 災厄(さいやく・사이야꾸) 재액 介在(かいざい・가이자이) 개재 紹介(しょうかい・쇼오까이) 소개	宿無し(やどなし・야도나시) 부랑인 宿泊(しゅくはく・슈꾸하꾸) 숙박 帳場(ちょうば・쬬오바) 카운터 帳面(ちょうめん・쬬오멩) 장부
やど や 宿 屋 (여관) 야도 야	や にわ 矢 庭 (갑자기, 다짜고짜) 야 니와
宿銭(やどせん・야도셍) 숙박료 宿命(しゅくめい・슈꾸메이) 숙명 空家(あきや・아끼야) 빈집 飲屋(のみや・노미야) 술집	矢面(やおも・야오모) 진두(陣頭) 矢の根(やのね・야노네) 화살촉 庭師(にわし・니와시) 정원사 家庭(かてい・가떼이) 가정

や行

屋 根 (지붕) 야 네	矢 張 り (역시, 야 하 리 결국)
屋内(おくない・오꾸나이) 옥내 煙草屋(たばこや・다바꼬야) 담배가게 根強い(ねづよい・네즈요이) 끈질기다 根源(こんげん・공겡) 근원	矢庭(やにわ・야니와) 갑자기 矢場(やば・야바) 활터 張切り(はりきり・하리끼리) 긴장 張込み(はりこみ・하리꼬미) 잠복
薮 医 者 (돌팔이 야부 이 샤 의사)	薮 蛇 (긁어부 야부 헤비 스럼)
薮陰(やぶかげ・야부가게) 덤불그늘 薮椿(やぶつばき・야부쓰바끼) 야 생동백꽃 医学(いがく・이가꾸) 의학 名医(めいい・메이이) 명의	薮蚊(やぶか・야부까) 각다귀 薮睨み(やぶにらみ・야부니라미) 사시 蛇苺(へびちご・헤비이찌고) 뱀딸기 毒蛇(どくへび・도꾸헤비) 독사
野 暮 (촌스러움) 야 보	山 師 (사기꾼, 야마 시 투기꾼)
野心(やしん・야싱) 야심 野望(やぼう・야보오) 야망 暮秋(ぼしゅう・보슈우) 늦가을 歳暮(さいぼ・사이보) 세모	山崩れ(やまくずれ・야마구즈레) 산사태 山積み(やまづみ・야마즈미) 산적 師匠(ししょう・시쇼오) 스승 講師(こうし・고오시) 강사

や行

やま のぼ **山 登 り** (등산) 야마 노보 리	やま びこ **山 彦** (산울림) 야마 비꼬
山間(やまあい・야마아이) 산골짜기 山際(やまぎわ・야마기와) 산근처 登場(とうじょう・도오죠오) 등장 登用(とうよう・도오요오) 등용	山奥(やまおく・야마오꾸) 깊은 산속 山国(やまぐに・야마구니) 산골 山吹色(やまぶきいろ・야마부끼이 　　　로) 황금색
やま も **山 盛 り** (산더미) 야마 모 리	やみ じ **闇 路** (어두운 길) 야미 지
山里(やまさと・야마사도) 산속마을 山寺(やまてら・야마데라) 산사 盛返し(もりかえし・모리까에시) 회복 旺盛(おうせい・오오세이) 왕성	闇討ち(やみうち・야미우찌)　불의 　　의 습격 闇値(やみね・야미네) 암시세 旅路(たびじ・다비지) 여로 路線(ろせん・로셍) 노선
やみ や **闇 屋** (암거래상) 야미 야	や よい **弥 生** (음력 3월) 야 요이
闇取引き(やみとりひき・야미도리히 　　끼) 암거래 闇夜(やみよ・야미요) 캄캄한 밤 餅屋(もちや・모찌야) 떡가게	弥次馬(やじうま・야지우마) 구경꾼 生活(せいかつ・세이까쓰) 생활 生命(せいめい・세이메이) 생명

や行

矢 来 (대나무 울타리) 야 라이	夜 来 (밤 사이) 야 라이
矢柄(やがら・야가라) 화살대 矢鱈(やたら・야다라) 무턱 来週(らいしゅう・라이슈우) 내주 家来(けらい・게라이) 신하	夜勤(やきん・야낑) 야근 夜中(よなか・요나까) 밤중 来韓(らいかん・라이깡) 내한 来春(らいしゅん・라이슝) 내년봄
遣り方 (방법, 방식) 야 리 까따	遣り口 (수법, 방법) 야 리 구찌
遣り返し(やりかえし・야리까에시) 다시 하다 遣り繰り(やりくり・야리꾸리) 변통 話し方(はなしかた・하나시까다) 말하는 법 方式(ほうしき・호오시끼) 방식	遣り取り(やりとり・야리도리) 교환 遣直し(やりなおし・야리나오시) 다시 함 口数(くちかず・구찌가즈) 말수 口外(こうがい・고오가이) 입 밖에 냄
槍 玉 (희생의 대상) 야리 다마	遣り手 (수완가) 야 리 떼
竹槍(たけやり・다께야리) 죽창 横槍(よこやり・요꼬야리) 간섭 玉の汗(たまのあせ・다마노아세) 구슬땀 玉突き(たまつき・다마쓰끼) 당구	遣繰り(やりくり・야리꾸리) 변통 遣戸(やりど・야리도) 미닫이 手水(てみず・데미즈) 세숫물 手腕(しゅわん・슈왕) 수완

や行

野 郎 (놈, 새끼) 야 로오	湯浴み (목욕) 유 아 미
下野(げや·게야) 하야 平野(へいや·헤이야) 평야 郎等(ろうどう·로오도오) 신하 新郎(しんろう·신로오) 신랑	湯垢(ゆあか·유아까) 물때 湯巻き(ゆまき·유마끼) 일본식 속치마 浴衣(ゆかた·유까다) 욕의 浴室(よくしつ·요꾸시쓰) 욕실
遺 言 (유언) 유이 공	夕 顔 (박꽃) 유우 가오
遺跡(ゆいせき·유이세끼) 유적 遺物(ゆいぶつ·유이부쓰) 유물 言行(げんこう·겡꼬오) 언행 断言(だんげん·당겡) 단언	夕霧(ゆうぎり·유우기리) 저녁안개 夕焼け(ゆうやけ·유우야께) 저녁놀 顔付き(かおつき·가오쓰끼) 얼굴생김 赤顔(せきがん·세끼강) 부끄럽다
夕 方 (저녁 때) 유우 가따	夕暮れ (황혼, 유우 구 레 해질녘)
夕景色(ゆうけしき·유우게시끼) 저녁경치 夕涼み(ゆうすずみ·유우스즈미) 저녁바람을 쏘임 明け方(あけがた·아께가따) 새벽녘 方行(ほうこう·호오꼬오) 방향	夕食(ゆうしょく·유우쇼꾸) 저녁식사 夕闇(ゆうやみ·유우야미) 땅거미 暮れ方(くれがた·구레가다) 해질녘 日暮れ(ひぐれ·히구레) 일몰때

や行

夕立 (ゆう・だち) (소나기) 유우 다찌	**郵便** (ゆう・びん) (우편) 유우 빙
夕刊(ゆうかん・유우깡) 석간 夕陽(ゆうひ・유우히) 석양 立場(たちば・다찌바) 입장 成立(せいりつ・세이리쯔) 성립	郵便局(ゆうびんきょく・유우빙교꾸) 우체국 便宜(べんぎ・벵기) 편의 便所(べんじょ・벤죠) 변소
昨夜 (ゆう・べ) (어젯밤) 유우 베	**夕焼け** (ゆう・や・け) (저녁놀) 유우 야 께
昨日(きのう・기노오) 어저께 昨年(さくねん・사꾸넹) 작년 夜間(やかん・야깡) 야간 深夜(しんや・싱야) 심야	夕刻(ゆうこく・유우꼬꾸) 저녁때 夕日(ゆうひ・유우히) 석양 焼き肉(やきにく・야끼니꾸) 군고기 焼け死(やけじに・야께지니) 소사
所以 (ゆ・えん) (까닭) 유 엥	**悠揚** (ゆう・よう) (태연자약) 유우 요오
所行(しょぎょう・쇼교오) 소행 所望(しょもう・쇼모오) 소망·바라는 바 以上(いじょう・이죠오) 이상 以前(いぜん・이젱) 이전	悠然(ゆうぜん・유우젱) 유연 悠悠(ゆうゆう・유우유우) 유유히 揚水(ようすい・요오스이) 양수 揚陸(ようりく・요오리꾸) 양륙

241

や行

浴 衣 ゆ かた 유 까따 (욕의, 잠옷)	**行き当り** ゆ あた 유 끼 아다 리 (막다른 곳)
浴室(よくしつ・요꾸시쓰) 욕실 海水浴(かいすいよく・가이스이요꾸) 해수욕 衣服(いふく・이후꾸) 의복 法衣(ほうい・호오이) 법의	行き付け(ゆきつけ・유끼쓰께) 단골 行き場(ゆきば・유끼바) 갈 곳 当り障り(あたりさわり・아다리사와리) 지장 配当(はいとう・하이또오) 배당
雪 達 磨 ゆき だる ま 유끼 다루 마 (눈사람)	**行き違い** ゆ ちが 유 끼 지가 이 (엇갈림)
雪国(ゆきくに・유끼구니) 눈이 많이 오는 고장 雪雲(ゆきぐも・유끼구모) 눈구름 達磨(だるま・다루마) 오뚜기 達観(たっかん・닷깡) 달관	行き帰り(ゆきかえり・유끼가에리) 왕복 行く手(ゆくて・유꾸데) 앞길 間違い(まちがい・마찌가이) 잘못 違法(いほう・이호오) 위법
雪 解 け ゆき ど 유끼 도 께 (눈녹음, 해빙)	**行 方** ゆく え 유꾸 에 (행방)
雪合戦(ゆきがっせん・유끼갓셍) 눈싸움 雪煙(ゆきけむり・유끼게무리) 눈보라 謎解き(なぞとき・나조도끼) 수수께끼풀이 解剖(かいぼう・가이보오) 해부	行く末(ゆくすえ・유꾸스에) 장래 行動(こうどう・고오도오) 행동 方式(ほうしき・호오시끼) 방식 方便(ほうべん・호오벵) 방편

や行

行 手 (가는 곳, 갈 길) ゆく て 유꾸 떼	湯 気 (김, 수증기) ゆ げ 유 게
行く先(ゆくさき・유꾸사끼) 행선지 行く行く(ゆくゆく・유꾸유꾸) 끝내는 手本(てほん・데홍) 본보기 手車(てぐるま・데구루마) 손수레	湯銭(ゆせん・유셍) 목욕료 熱湯(あつゆ・아쓰유) 열탕・뜨거운 목욕물 気力(きりょく・기료꾸) 기력 殺気(さっき・삿끼) 살기
遊 山 (구경, 소풍) ゆ さん 유 상	強 請 (공갈, 협박) ゆ すり 유 스리
遊戯(ゆうぎ・유우기) 유희 遊興(ゆうきょう・유우꾜오) 유흥 山岳(さんがく・상가꾸) 산악 山岸(やまぎし・야마기시) 산비탈	強盗(ごうとう・고오또오) 강도 強欲(ごうよく・고오요꾸) 탐욕 請負い(うけおい・우께오이) 청부 請求(せいきゅう・세이뀨우) 청구
油 断 (방심) ゆ だん 유 당	湯 殿 (욕조, 목욕탕) ゆ どの 유 도노
油田(ゆでん・유뎅) 유전 石油(せきゆ・세끼유) 석유 断絶(だんぜつ・단제쓰) 단절 断然(だんぜん・단젱) 단연	長湯(ながゆ・나가유) 목욕을 오래함 殿下(てんか・뎅까) 전하 殿中(てんちゅう・덴쮸우) 궁전 안

や行

湯飲み (물그릇, 찻잔) ゆ の 유 노 미	指折り (손꼽아) ゆび お 유비 오 리
湯水(ゆみず・유미즈) 더운물과 찬물 湯船(ゆぶね・유부네) 목욕통 飲込み(のみこみ・노미꼬미) 이해 飲物(のみもの・노미모노) 음료	指差し(ゆびさし・유비사시) 손가락질 中指(なかゆび・나까유비) 가운데손가락 折悪しく(おりあしく・오리아시꾸) 공교롭게 折節(おりふし・오리후시) 그때그때
指輪 (반지, 가락지) ゆび わ 유비 와	夢現 (비몽사몽) ゆめ うつつ 유메 우쓰쓰
指貫(ゆびぬき・유비누끼) 골무 親指(おやゆび・오야유비) 엄지 首輪(くびわ・구비와) 목걸이 車輪(しゃりん・샤링) 차륜	夢路(ゆめじ・유메지) 꿈길 夢見る(ゆめみる・유메미루) 꿈꾸다 現実(げんじつ・겐지쓰) 현실 出現(しゅつげん・슈쓰겡) 출현
揺籠 (요람) ゆり かご 유리 가고	湯沸し (물주전자) ゆ わか 유 와까 시
揺り起す (ゆりおこす・유리오꼬스) 흔들어 깸 動揺(どうよう・도오요오) 동요 鳥籠(とりかご・도리가고) 새장	湯女(ゆな・유나) 온천여관의 하녀 湯屋(ゆや・유야) 공중목욕탕 沸し湯(わかしゆ・와까시유) 끓인 물 沸点(ふってん・훗뗑) 비점

や行

夜明け （새벽, 미명） 요 아 께	宵の口 （초저녁） 요이 노 구찌
夜風（よかぜ・요가제）밤바람 月夜（つきよ・쓰끼요）달밤 明け方（あけがた・아께가다）새벽녘 明確（めいかく・메이까꾸）명확	宵寝（よいね・요이네）초저녁잠 今宵（こよい・고요이）오늘저녁 口重（くちおも・구찌오모）입이 무거움 口付け（くちづけ・구찌즈께）입맞춤
用意 （준비） 요오 이	陽気 （명랑） 요오 끼
用品（ようひん・요오힝）용품 使用（しよう・시요오）사용 意義（いぎ・이기）의의 意訳（いやく・이야꾸）의역	陽暦（ようれき・요오레끼）양력 斜陽（しゃよう・샤요오）사양 気品（きひん・기힝）기품 陰気（いんき・잉끼）음산함
用事 （볼일, 용건） 요오 지	楊枝 （이쑤시개） 요오 지
用務（ようむ・요오무）용무 不用（ふよう・후요오）불용 事情（じじょう・지죠오）사정 炊事（すいじ・스이지）취사	白楊（はくよう・하꾸요오）백양 枝道（えだみち・에다미찌）샛길 枝葉（しよう・시요오）지엽

や行

よう じん 用 心 (조심) 요오 징	よう じん ぼう 用 心 棒 (호위자, 요오 진 보오 보디가드)
用量(ようりょう・요오료오) 용량 通用(つうよう・쓰우요오) 통용 心外(しんがい・싱가이) 뜻밖 心痛(しんつう・신쓰우) 마음아파함	用地(ようち・요오찌) 용지 商用(しょうよう・쇼오요오) 상용 心境(しんきょう・싱꾜오) 심경 心血(しんけつ・싱께쓰) 심혈
よう す 様 子 (모양) 요오 스	よう だい 容 体 (모양, 요오 다이 상태)
様体(ようだい・요오다이) 생김새 模様(もよう・모요오) 무늬의 모양 椅子(いす・이스) 의자 辛子(からし・가라시) 겨자	容器(ようき・요오끼) 그릇 美容(びよう・비요오) 미용 体質(たいしつ・다이시쓰) 체질 大体(だいたい・다이따이) 대체
よ ぎ な 余 儀 無 い (부득이 요 기 나 이 하다)	よく じつ 翌 日 (다음날) 요꾸 지쓰
余暇(よか・요까) 여가 余罪(よざい・요자이) 여죄 礼儀(れいぎ・레이기) 예의 無謀(むぼう・무보오) 무모	翌朝(よくちょう・요꾸쬬오) 이튿날 아침 翌年(よくねん・요꾸넹) 다음해 日限(にちげん・니찌겡) 기일 即日(そくじつ・소꾸지쓰) 그날

や行

欲 張 り （욕심쟁이） よく ば り 요꾸 바 리	**余 計** （여분, よ けい 더욱） 요 께이
欲情（よくじょう・요꾸죠오）욕정 欲望（よくぼう・요꾸보오）욕망 張合い（はりあい・하리아이）의욕 緊張（きんちょう・긴죠오）긴장	余談（よだん・요당）여담 剰余（じょうよ・죠오요）잉여 計画（けいかく・게이까꾸）계획 奸計（かんけい・강께이）간계
横 車 （생억지） よこ くるま 요꼬 구루마	**夜 毎** （밤마다） よ ごと 요 고또
横木（よこぎ・요꼬기）가로목 横切り（よこぎり・요꼬기리）횡단 風車（かざぐるま・가자구루마）팔랑개비 車道（しゃどう・샤도오）차도	夜霧（よぎり・요기리）밤안개 夜景（やけい・야께이）야경 毎回（まいかい・마이까이）매회 月毎（つきごと・쓰끼고또）달마다
横 取 り （가로챔, よこ ど り 횡령） 요꼬 도 리	**横 道** （옆길） よこ みち 요꼬 미찌
横っ面（よこつら・요꼿쓰라）따귀 横流れ（よこながれ・요꼬나가레） 　　　　　부정유출 取合い（とりあい・도리아이）쟁탈 取入れ（とりいれ・도리이레）추수	横手（よこて・요꼬떼）옆쪽 横町（よこちょう・요꼬쬬오）옆골목 道連れ（みちづれ・미찌즈레）길동무 人道（じんどう・진도오）인도

や行

横目 (곁눈질) 요꼬 메	予算 (예산) 요 상
横書き(よこがき·요꼬가끼) 횡서, 　　　가로쓰기 横腹(よこばら·요꼬바라) 옆구리 目蓋(めぶた·메부따) 눈꺼풀 題目(だいもく·다이모꾸) 제목	予備(よび·요비) 예비 予防(よぼう·요보오) 예방 算出(さんしゅつ·산슈쯔) 산출 算術(さんじゅつ·산쥬쯔) 산수
世過ぎ (세상살이) 요 스 기	余所事 (남의 일) 요 소 고또
世柄(よがら·요가라) 세태 世間(せけん·세껭) 세상 過去(かこ·가꼬) 과서 過欲(かよく·가요꾸) 과욕	余所見(よそみ·요소미) 한눈을 팔다 余念(よねん·요넹) 여념 所帯(しょたい·쇼따이) 세대 事実(じじつ·지지쯔) 사실
与太者 (부랑배, 요 따 모노 무뢰한)	酔っ払い (술주정꾼) 욧 빠라 이
与党(よとう·요또오) 여당 参与(さんよ·상요) 참여 助太刀(すけたち·스께다찌) 원조 若者(わかもの·와까모노) 젊은이	酔醒め(よいさめ·요이사메) 술이 깸 酔狂(すいきょう·스이꾜오) 색다른 　　　것을 좋아함 払拭(ふっしょく·훗쇼꾸) 불식 支払い(しはらい·시하라이) 지불

や行

夜<ruby>よ</ruby> 中<ruby>なか</ruby> (한밤중) 요 나까	世<ruby>よ</ruby>の中<ruby>なか</ruby> (세상) 요 노 나까
夜空(よぞら・요조라) 밤하늘 夜道(よみち・요미찌) 밤길 中央(ちゅうおう・쥬우오오) 중앙 中立(ちゅうりつ・쥬우리쓰) 중립	彼の世(あのよ・아노요) 저 세상 世界(せかい・세까이) 세계 中程(なかほど・나까호도) 중간쯤 中間(ちゅうかん・쥬우깡) 중간
呼<ruby>よび</ruby> 鈴<ruby>りん</ruby> (초인종) 요비 링	夜<ruby>よ</ruby> 更<ruby>ふか</ruby>し (밤을 샘) 요 후까 시
呼出し(よびだし・요비다시) 호출 点呼(てんこ・뎅꼬) 점호 鈴生り(すずなり・스즈나리) 주렁주렁 鈴蘭(すずらん・스즈랑) 은방울꽃	夜店(よみせ・요미세) 야시 夜目(よめ・요메) 밤눈 更生(こうせい・고오세이) 갱생 変更(へんこう・헹꼬오) 변경
余<ruby>よ</ruby> 程<ruby>ほど</ruby> (제법, 요 호도 어지간히)	読<ruby>よみ</ruby> 物<ruby>もの</ruby> (읽을거리) 요미 모노
余分(よぶん・요붕) 여분 余力(よりょく・요료꾸) 여력 程良い(ほどよい・호도요이) 마치 맞음 道程(みちのり・미찌노리) 도정	読書き(よみかき・요미가끼) 읽고쓰기 読破(どくは・도꾸하) 독파 物好き(ものずき・모노스끼) 호기심 生物(いきもの・이끼모노) 생물

や行

終夜 よも（요모） すがら（스가라） (밤새도록)	**四方山** よ（요） も（모） やま（야마） (세상, 천하)
終局(しゅうきょく・슈우꾜꾸) 종국 終点(しゅうてん・슈우뗑) 종점 夜景(やけい・야께이) 야경 夜通し(よどうし・요도오시) 밤새	四方(しほう・시호오) 사방 南方(なんぽう・난뽀오) 남방 山地(さんち・산찌) 산지 山中(やまなか・야마나까) 산중
世渡り よ（요） わた（와다） り（리） (처세, 세상살이)	**弱音** よわ（요와） ね（네） (나약한 말, 우는 소리)
世情(せいじょう・세이죠오) 세정 出世(しゅっせ・슛세) 출세 渡り鳥(わたりどり・와다리도리) 철새 渡船(とせん・도셍) 도선	弱める(よわめる・요와메루) 약화시킴 弱視(じゃくし・쟈꾸시) 약시 本音(ほんね・혼네) 본심 音響(おんきょう・옹꾜오) 음향
弱味 よわ（요와） み（미） (약점)	**弱虫** よわ（요와） むし（무시） (울보, 겁쟁이)
弱腰(よわごし・요와고시) 옆구리 衰弱(すいじゃく・스이쟈꾸) 쇠약 味気(あじけ・아지께) 시시함 興味(きょうみ・교오미) 흥미	弱気(よわき・요와끼) 무기력 弱点(じゃくてん・쟈꾸뗑) 약점 虫眼鏡(むしめがね・무시메가네) 확대경 昆虫(こんちゅう・곤쮸우) 곤충

ら行

礼讃 らい さん 라이 상 (찬미)	頼信紙 らい しん し 라이 신 시 (전보용지)
礼拝(らいはい・라이하이) 예배 無礼(ぶれい・부레이) 무례함 讃美(さんび・산비) 찬미 賞讃(しょうさん・쇼오상) 상찬	頼込み(たのみこみ・다노미꼬미) 부탁 信頼(しんらい・신라이) 신뢰 信用(しんよう・싱요오) 신용 紙切れ(かみきれ・가미끼레) 종이조각
来由 らい ゆ 라이 유 (내력, 유래)	落語 らく ご 라꾸 고 (만담)
来演(らいえん・라이엥) 내연 来賓(らいひん・라이힝) 내빈 由来(ゆらい・유라이) 유래 理由(りゆう・리유우) 이유	落書(らくがき・라꾸가끼) 낙서 落第(らくだい・라꾸다이) 낙제 語り手(かたりて・가다리떼) 말하 는 사람 語学(ごがく・고가꾸) 어학
落日 らく じつ 라꾸 지쓰 (지는 해)	乱暴 らん ぼう 란 보오 (난폭, 사나움)
落札(らくさつ・라꾸사쓰) 낙찰 落石(らくせき・라꾸세끼) 낙석 日光(にっこう・닛꼬오) 일광 当日(とうじつ・도오지쓰) 당일	乱筆(らんぴつ・란삐쓰) 난필 撹乱(かくらん・가꾸랑) 교란 暴炎(ぼうえん・보오엥) 폭염 暴力(ぼうりょく・보오료꾸) 폭력

ら行

離縁 (인연을 끊음) 리 엥	力点 (역점) 리끼 뗑
離婚(りこん・리꽁) 이혼 別離(べつり・베쓰리) 이별 縁先(えんさき・엔사끼) 마루끝 因縁(いんねん・인넹) 인연	力作(りきさく・리끼사꾸) 역작 力説(りきせつ・리끼세쓰) 역설 点検(てんけん・뎅껭) 점검 点数(てんすう・덴스우) 점수
理屈 (이론, 리 꾸쓰 이치)	利己 (이기) 리 꼬
理性(りせい・리세이) 이성 理論(りろん・리롱) 이론 屈辱(くつじょく・구쓰죠꾸) 굴욕 退屈(たいくつ・다이꾸쓰) 지루함	利点(りてん・리뗑) 이점 便利(べんり・벤리) 편리 自己(じこ・지꼬) 자기
利口 (현명함) 리 꼬오	利息 (이자) 리 소꾸
利権(りけん・리껭) 이권 利敵(りてき・리떼끼) 이적 口述(こうじゅつ・고오쥬쓰) 구술 悪口(わるくち・와루구찌) 욕	利益(りえき・리에끼) 이익 利子(りし・리시) 이자 喘息(ぜんそく・젠소꾸) 천식 息子(むすこ・무스꼬) 아들

ら行

りち　　ぎ **律　儀** （고지식함） 리찌　　기	りつ　　ぜん **慄　然** （소름 리쓰　　젱　　　끼치다）
律師(りっし・릿시) 율사 規律(きりつ・기리쓰) 규율 儀式(ぎしき・기시끼) 의식 難儀(なんぎ・낭기) 곤란	戦慄(せんりつ・센리쓰) 전율 天然(てんねん・덴넹) 천연 漠然(ばくぜん・바꾸젱) 막연
りっ　　ば **立　派** （훌륭함） 릿　　빠	りっ　　ぶく **立　腹** （화를 냄） 릿　　뿌꾸
立憲(りっけん・릿껭) 입헌 立身(りっしん・릿싱) 입신 派遣(はけん・하껭) 파견 増派(ぞうは・조오하) 증파	立体(りったい・릿따이) 입체 立志(りっし・릿시) 입지 腹案(ふくあん・후꾸앙) 복안 空腹(くうふく・구우후꾸) 공복
り　　づ **理 詰 め** （이치로 리　즈　메　　　따짐）	り　　ふ　　じん **理 不 尽** （불합리, 리　후　징　　　무리함）
理想(りそう・리소오) 이상 理念(りねん・리넹) 이념 詰込み(つめこみ・쓰메꼬미) 주입 詰草(つめくさ・쓰메구사) 클로버	理事(りじ・리지) 이사 整理(せいり・세이리) 정리 不当(ふとう・후또오) 부당 尽力(じんりょく・진료꾸) 진력

ら行

溜 飲 (음식찌꺼기, 체증) 류우 잉	流 暢 (유창) 류우 쬬오
蒸溜(じょうりゅう·죠오류우) 증류 飲酒(いんしゅ·인슈) 음주 暴飲(ぼういん·보오잉) 폭음	流行(りゅうこう·류우꼬오) 유행 流産(りゅうざん·류우장) 유산 暢達(ちょうたつ·죠오따쓰) 창달
柳 眉 (미인의 눈썹) 류우 비	両 替 (환전) 료오 가에
柳腰(やなぎごし·야나기고시) 날씬한 허리 眉毛(まゆげ·마유게) 눈썹 眉唾物(まゆつばもの·마유쓰바모노) 의심스러운 것	両眼(りょうがん·료오강) 두 눈 両親(りょうしん·료오싱) 양친 替玉(かえだま·가에다마) 가짜 為替(かわせ·가와세) 환어음
料 見 (생각, 마음) 료오 껭	猟 師 (사냥꾼) 료오 시
料金(りょうきん·료오낑) 요금 料亭(りょうてい·료오떼이) 요정 見識(けんしき·겐시끼) 견식 発見(はっけん·핫껭) 발견	猟犬(りょうけん·료오껭) 사냥개 猟場(りょうば·료오바) 사냥터 師弟(してい·시떼이) 사제 師道(しどう·시도오) 사도

ら行

りょう し **漁 師** (어부) 료오 시	りょう へん **両 辺** (양쪽) 료오 헹
漁船(ぎょせん・교셍) 어선 漁場(ぎょじょう・교죠오) 어장 教師(きょうし・교오시) 교사 老師(ろうし・로오시) 늙은 스승	両国(りょうこく・료오고꾸) 두 나라 両手(りょうて・료오떼) 두 손 辺境(へんきょう・헹꾜오) 변경 海辺(うみべ・우미베) 바닷가
りょう まえ **両 前** (깃이 덮이 료오 마에 는 양복)	りょ がい **慮 外** (의외, 료 가이 뜻밖)
両側(りょうがわ・료오가와) 양쪽 両方(りょうほう・료오호오) 양쪽 前歯(まえば・마에바) 앞니 駅前(えきまえ・에끼마에) 역전	遠慮(えんりょ・엔료) 사양함 考慮(こうりょ・고오료) 고려 外遊(がいゆう・가이유우) 외유 外来(がいらい・가이라이) 외래
りん かく **輪 廓** (윤곽) 링 까꾸	りん ご **林 檎** (사과) 링 고
輪唱(りんしょう・린쇼오) 윤창 車輪(しゃりん・샤링) 수레바퀴 外廓(がいかく・가이까꾸) 외곽 城廓(じょうかく・죠오까꾸) 성곽	林産(りんさん・린상) 임산 林野(りんや・링야) 임야 密林(みつりん・미쓰링) 밀림

ら行

留守 (부재중) る(루) す(스)	黎明 (여명) れい(레이) めい(메이)
留置(りゅうち·류우찌) 유치 抑留(おくりゅう·오꾸류우) 억류 守護(しゅご·슈고) 수호 守備(しゅび·슈비) 수비	黎民(れいみん·레이밍) 세상사람들 明晰(めいせき·메이세끼) 명석 失明(しつめい·시쓰메이) 실명
連中 (동아리, 패거리) れん(렌) ちゅう(쥬우)	廊下 (복도) ろう(로오) か(까)
連休(れんきゅう·렝뀨우) 연휴 連絡(れんらく·렌라꾸) 연락 中古(ちゅうこ·쥬우꼬) 중고 中絶(ちゅうぜつ·쥬우제쓰) 중절	回廊(かいろう·가이로오) 회랑 画廊(がろう·가로오) 화랑 下等(かとう·가또오) 하등 傘下(さんか·상까) 산하
蝋燭 (초, 양초) ろう(로오) そく(소꾸)	労働 (노동) ろう(로오) どう(도오)
蝋染め(ろうぞめ·로오조메) 염색 법의 하나 蝋細工(ろうさいく·로오사이꾸) 납 세공 花燭(かそく·가소꾸) 화촉	労働者(ろうどうしゃ·로오도오샤) 노동자 労賃(ろうちん·로오찡) 노임 苦労(くろう·구로오) 고생

ら行

路銀 ろ・ぎん (로・긴) (여비, 노자)	**露見** ろ・けん (로・껭) (탄로)
路頭(ろとう·로또오) 길거리 海路(かいろ·가이로) 해로 銀行(ぎんこう·깅꼬오) 은행 銀子(ぎんす·긴스) 은전	露骨(ろこつ·로꼬쓰) 노골 露出(ろしゅつ·로슈쓰) 노출 見解(けんかい·겡까이) 견해 意見(いけん·이껭) 의견
路次 ろ・じ (로・지) (골목)	**露台** ろ・だい (로・다이) (발코니, 노대)
路辺(ろへん·로헹) 길가 路面(ろめん·로멩) 노면 次回(じかい·지까이) 다음번 席次(せきじ·세끼지) 석차	露店(ろてん·로뗑) 노점 暴露(ばくろ·바꾸로) 폭로 台所(だいどころ·다이도꼬로) 부엌 灯台(とうだい·도오다이) 등대
路傍 ろ・ぼう (로・보오) (길가)	**路用** ろ・よう (로・요오) (여비, 노자)
路線(ろせん·로셍) 노선 道路(どうろ·도오로) 도로 傍証(ぼうしょう·보오쇼오) 방증 傍題(ぼうだい·보오다이) 부제	路上(ろじょう·로죠오) 노상 航路(こうろ·고오로) 항로 用件(ようけん·요오껭) 용건 用語(ようご·요오고) 용어

わ行

歪 曲 (왜곡) わい きょく 와이 꾜꾸	**賄 賂** (뇌물) わい ろ 와이 로

歪み(ひずみ・히즈미) 비뚤어짐
曲線(きょくせん・교꾸셍) 곡선
作曲(さっきょく・삿꾜꾸) 작곡
	賄い(まかない・마까나이) 식모.
	    요리사
	賄う(まかなう・마까나우) 마련하
	    다. 조달하다

若 気 (젊은 혈기) わか げ 와까 게	**若 様** (도련님, わか さま 서방님) 와까 사마
若芽(わかめ・와까메) 새싹 若者(わかもの・와까모노) 젊은이 気炎(きえん・기엥) 기염 湯気(ゆげ・유게) 김・수증기	若草(わかくさ・와까구사) 어린 풀 若布(わかめ・와까메) 미역 様子(ようす・요오스) 모양 様態(ようたい・요오따이) 양상
若 造 (풋내기, わか ぞう 애송이) 와까 조오	**若 手** (한창때의 わか て 젊은이) 와까 떼
若葉(わかば・와까바) 새잎 若冠(じゃっかん・쟛깡) 약관 造血(ぞうけつ・조오께쓰) 조혈 製造(せいぞう・세이조오) 제조	若木(わかぎ・와까기) 어린 나무 若輩(じゃくはい・쟈꾸하이) 풋내기 手当て(てあて・데아떼) 처치 手拭い(てぬぐい・데누구이) 수건

わ行

我_{わが} 侭_{まま} (제멋대로) 와가 마마	別_{わか}れ 道_{みち} (갈림길) 와까 레 미찌
我が家(わがや・와가야) 우리집 我国(わがくに・와가구니) 우리나라 気侭(きまま・기마마) 멋대로	別別(べつべつ・베쓰베쓰) 따로따로 別離(べつり・베쓰리) 이별 近道(ちかみち・지까미찌) 가까운 길 道徳(どうとく・도오도꾸) 도덕
脇_{わき} 下_{した} (겨드랑이) 와끼 시다	脇_{わき} 道_{みち} (옆길) 와끼 미찌
脇毛(わきげ・와끼게) 겨드랑이털 脇腹(わきばら・와끼바라) 옆구리 下見(したみ・시따미) 예비조사 靴下(くつした・구쓰시다) 양말	脇役(わきやく・와끼야꾸) 조연 道端(みちばた・미찌바다) 길가 道路(どうろ・도오로) 도로
脇_{わき} 目_め (곁눈질) 와끼 메	訳_{わけ} 無_ない (문제없다) 와께 나 이
脇戸(わきど・와끼도) 옆문 脇見(わきみ・와끼미) 곁눈질 目先(めさき・메사끼) 눈 앞 目立つ(めだつ・메다쓰) 눈에 띔	言い訳(いいわけ・이이와께) 변명 翻訳(ほんやく・홍야꾸) 번역 無手(むて・무떼) 맨손 無力(むりょく・무료꾸) 무력

わ行

分け前 (나눈 몫, 몫아치) わ け まえ 와 께 마에	**態 態** (일부러, 특별히) わざ わざ 와자 와자
分け目(わけめ・와께메) 갈라지는 경계 引分け(ひきわけ・히끼와께) 무승부 前掛け(まえかけ・마에가께) 앞치마 前後(ぜんご・젱고) 전후	態勢(たいせい・다이세이) 태세 態度(たいど・다이도) 태도 状態(じょうたい・죠오따이) 상태
鷲掴み (움켜잡음) わし づか み 와시 즈까 미	**忘れ物** (분실물) わす れ もの 와스 레 모노
鷲座(わしざ・와시자) 독수리자리 鷲鼻(わしばな・와시바나) 메부리코 掴合い(つかみあい・쓰까미아이) 붙잡고 싸움	忘れ形見(わすれかたみ・와스레 가다미) 기념물 忘れな草(わすれなぐさ・와스레나 구사) 물망초 万物(まんぶつ・만부쓰) 만물
渡し場 (나루터) わた し ば 와다 시 바	**渡り鳥** (철새) わた り どり 와다 리 도리
渡し舟(わたしぶね・와다시부네) 나룻배 渡江(とこう・도꼬오) 도강 場内(じょうない・죠오나이) 장내 現場(げんば・겐바) 현장	渡り者(わたりもの・와다리모노) 떠돌이 譲渡(じょうと・죠오또) 양도 鳥目(とりめ・도리메) 야맹증 鳥類(ちょうるい・죠오루이) 조류

わ行

詫び言 (사과의 말) わ び ごと 와 비 고또	和 服 (일본옷) わ ふく 와 후꾸
詫び状(わびじょう・와비죠오) 사과 편지 言葉(ことば・고도바) 말 言争い (いいあらそい・이이아라소 이) 말다툼	和風(わふう・와후우) 일본식 平和(へいわ・헤이와) 평화 服従(ふくじゅう・후꾸쥬우) 복종 洋服(ようふく・요오후꾸) 양복
笑い草 (웃음거리) わら い ぐさ 와라 이 구사	笑 話 (우스운 わらい ばなし 이야기) 와라이 바나시
笑い事(わらいごと・와라이고도) 우 스운 일 微笑(びしょう・비쇼오) 미소 草色(くさいろ・구사이로) 풀빛 草花(くさばな・구사바나) 화초	笑い者(わらいもの・와라이모노) 웃 음거리 笑顔(えがお・에가오) 웃는 얼굴 話手(はなして・하나시데) 말하는 사람 話題(わだい・와다이) 화제
草 鞋 (짚신) わら じ 와라 지	割 合 (비교적, わり あい 할당) 와리 아이
草刈り(くさかり・구사까리) 풀베기 草笛(くさぶえ・구사부에) 풀피리 草屋(そうおく・소오오꾸) 초옥	割り方(わりかた・와리가따) 비교적 割り箸(わりばし・와리바시) 소독저 試合(しあい・시아이) 시합 百合(ゆり・유리) 백합

わ行

割り勘 (추렴, 각자부담) わ り かん 와 리 깡	割出し (산출) わり だ し 와리 다 시
割込み(わにみ・와리꼬미) 끼어듦 割付(わりつけ・와리쓰께) 할당 勘当(かんどう・간도오) 의절	割金(わりきん・와리낑) 할당금 割増し(わりまし・와리마시) 할증 手出し(てだし・데다시) 손찌검 出頭(しゅっとう・슛또오) 출두
割引き (할인) わり び き 와리 비 끼	悪 気 (악의, 나쁜 뜻) わる き 와루 기
割当て(わりあて・와리아떼) 할당 割算(わりざん・와리장) 나눗셈 引上げ(ひきあげ・히끼아게) 인상 引出し(ひきだし・히끼다시) 인출	悪巧み(わるだくみ・와루다꾸미) 흉계 罪悪(ざいあく・자이아꾸) 죄악 気体(きたい・기따이) 기체 気高い(けだかい・게다까이) 기품높은
悪 口 (욕, 험담) わる くち 와루 구찌	我勝ち (앞다투어) われ が 와레 가 찌
悪癖(わるぐせ・와루구세) 나쁜 버릇 悪者(わるもの・와루모노) 나쁜 자 口答え(くちごたえ・구찌고다에) 말대꾸 口出し(くちだし・구찌다시) 말참견	我先き(われさき・와레사끼) 앞다투어 我人(われひと・와레히도) 나와 남 勝ち目(かちめ・가찌메) 승산 勝利(しょうり・쇼오리) 승리

わ行

我 乍ら (내가 생각 われ なが ら 와레 나가 라 하기에도)	**破 れ 船** (난파선) わ ぶね 와 레 부네
我知らず(われしらず・와레시라즈) 자기도 모르게 我こそ(われこそ・와레꼬소) 나야말로 生れ乍ら(うまれながら・우마레나가 라) 태어나면서	割れ鐘(われがね・와레가네) 깨진 종 破壊(はかい・하까이) 파괴 舟出(ふなで・후나데) 출범 船酔い(ふなよい・후나요이) 배멀미
我 等 (우리들) われ ら 와레 라	**腕 白** (개구쟁이) わん ぱく 완 빠꾸
我我(われわれ・와레와레) 우리들 我国(わがくに・와가구니) 우리 나라 僕等(ぼくら・보꾸라) 우리들 等身(とうしん・도오싱) 등신	腕巻き(うでまき・우데마끼) 팔목시계 腕章(わんしょう・완쇼오) 완장 白鳥(はくちょう・하꾸쬬오) 백조 白米(はくまい・하꾸마이) 백미

저자소개

서울출생

저역서 「혼자서 배우는 일본어 첫걸음」「기초일본어」
　　　「기초일본어회화」「여행일본어회화」
　　　「기초일본어단어집」三蒲綾子 「빙점」
　　　「죽음보다 강한 것」石坂)当次郎 「청맥」
　　　松本淸張 「0의 촛점」「공범자」「눈의 벽」외 50여종

漢字中心
필수 일본어 단어

개정 1판 | 2009년 2월 10일
초판발행 | 1998년 8월 30일
지은이 | 이영조
펴낸이 | 장종호
펴낸곳 | 도서출판 사사연
　　　　　사상사회연구소
등록번호 | 제10-1912호
등록일 | 2006년 2월 8일
주 소 | 서울시 종로구 홍지동 126-8
전 화 | (02)393-2510
팩 스 | (02)393-2511
홈페이지 | www.ssyeun.co.kr
전자우편 | ssyeun@ssyeun.co.kr
ISBN　978-89-85153-85-0　03730

값 9,500원

*잘못 만들어진 책은 바꿔드립니다.